# 今、
# 在日朝鮮人の人権は

## 若手法律家による現場からの実践レポート

朝鮮大学校政治経済学部法律学科
創設20周年記念誌刊行委員会編著

三一書房

## 凡例

- 朝鮮民主主義人民共和国 → 朝鮮
- 大韓民国 → 韓国
- 在日本朝鮮人総聯合会 → 総聯
- 経済的、社会的及び文化的権利に関する国際規約（A規約）→ 社会権規約
- 市民的及び政治的権利に関する国際規約（B規約）→ 自由権規約
- 児童の権利に関する条約 → 子どもの権利条約
- あらゆる形態の人種差別の撤廃に関する条約 → 人種差別撤廃条約
- 日本国憲法 → 憲法

# 目次

## 第5章　経済制裁と在日朝鮮人に対する圧力……金英功 171

# はしがき

朝鮮大学校政治経済学部法律学科は、本年2019年に創設20周年を迎えました。本書は、学科創設20周年を記念し、卒業生である若手弁護士たちが中心となって各々の活動をまとめたものです。

第1章では、本学科の李泰一准教授が、イントロダクションとして、在日朝鮮人の人権について、その本質と状況の概要を説明しています。

第2章では、金敏寛弁護士が、在日朝鮮人高齢者無年金訴訟への取り組みについて報告しています。かつて、在日朝鮮人の高齢者・障がい者たちが年金制度から排除され、経過措置も取られず、司法の救済も受けられなかったことについて、その方々が生存するうちにこの問題を解決しようと呼びかけています。

第3章では、「民族教育を守る闘い」として、高校「無償化」裁判と地方自治体による朝鮮学校への補助金打ち切りに対する闘いについて、各地で担当していた弁護士たち（裵明玉、金星姫、金銘愛、康仙華、任真赫）が、その法廷闘争の報告と自身の思いを綴っています。

第4章では、玄政和弁護士が、京都府下におけるヘイトスピーチの被害実態や対抗運動の現況について報告し、在日朝鮮人への差別を解消するための取り組みについて述べています。

そして、第5章では、金英功弁護士が、日本政府による朝鮮への「経済制裁」について、その内容を整理したうえで、在日朝鮮人の人権までもが「制裁」の対象とされ、政治外交問題の犠牲となり深刻な人権侵害をもたらしていることに警鐘を鳴らしています。

朝鮮半島が日本の植民地支配から解放され75年もの歳月が経ちましたが、在日朝鮮人の置かれた状況はどのように変化したのでしょうか。そして、現在、在日朝鮮人の人権はどのような状況に置かれているでしょうか。

在日朝鮮人の人権を考えるにあたって取り上げるべき問題はたくさんあります。本書では、ごく一部の事例しか取り上げることはできませんでしたが、本書を契機とし、在日朝鮮人を取り巻くその他の人権課題についても大きな関心を寄せていただきたく思います。

また、本書を通して、在日朝鮮人の若手弁護士たちがこの状況を打開していこうと日々奮闘している姿を思い描いていただき、少しでも明るい展望を抱いていただければ、このうえなく嬉しく思います。

祖国の分断や国際結婚などにより、国籍、アイデンティティ、出自、思想信条など個々の「在日朝鮮人」の背景は様々です。その一元的定義はとても困難といえますが、本書において「在日朝鮮人」とは、国籍を問わず、日本による植民地支配の結果、日本に渡航し在留した朝鮮半島出身者およびその子孫を指す総称として用いることとします。

朝鮮大学校政治経済学部法律学科創設20周年記念誌刊行委員会
２０１９年11月吉日

# 第1章　今、在日朝鮮人の人権は――問題の本質と状況

## 1. 人権とは何か?

在日朝鮮人の人権問題の本質を把握するためには、その構造をひもとくことが不可欠である。その前提条件として、人権とは何かについて確認しておく必要があろう。

一般的に人権とは、「人が人たることに基づいて当然に、理論必然的に享有すると考えられる権利」[1]であると説かれるが、人権の中身は何かと問われると、その答えは簡単ではない。このことは、人権そのものは普遍性をもつが、その概念自体、不変的ではないということを意味する。すなわち、人類は、幾多の自由獲得の努力を通じて、人権とは何かの答えを定義し続けてきたといえよう。

実際、人権という考え方は、はじめ国民権として登場し、19世紀に及んでは個人の自由権として、そして20世紀に入り社会権、生存権として主張されるようになる。人権の内容や適用範囲などの解釈権を国家の執権者が独占していた時代から、国連をはじめ、国際条約や規約によって人権を保障する制度が構築される時代になったのである。

とりわけ、最近、個人の自由権を基本とする古典的な人権概念に対し、第三世界の文化相対主義やポストモダニズムなどからも批判が提起されており、「先住民族等の集団や法人を権利主体とする理論」、「発展途上国の発展の権利を要請する第三世代の人権論」など、既存の枠組みにはまらない人権論が登場してきている。[2]

このような人権概念の変遷を通じて提示しうる基本視点は、人権とは、第一に、人類が自由と平等を獲得するための闘争の産物であるということ、第二に、搾取され、抑圧された人民大衆の立場で考察されるものであること、第三に、人類の自主的で平和的で豊かな未来と関連して理解されうるものであるということになろう。このような視点から人権というものを理解するとき、在日朝鮮人において今日提起されている諸問題が解決されるものと考える。民族教育権の侵害をはじめ、日本の政府および社会による人権侵害は、人権に対する理論的・歴史的把握によってはじめて、その不当性が明らかになるといえよう。

## 2. 問われる在日朝鮮人の人権問題

では、在日朝鮮人の人権問題とは何か。

在日朝鮮人の人権問題を把握するうえで、以下、3点が必要事項になると考える。

第一に、在日朝鮮人の人権侵害の発生および長期化要因である。

日本には、在日朝鮮人以外にも多くの在日外国人が存在する。外国人の法的地位は、外国人が入国しようとする国の出入国管理制度によって規定されている。ここで、外国人の入国を許可するか否かはその国の自由裁量に属する事柄であり、各国は、その主権に基づいて外国人の入国を自由に制限または禁止することができるというのが、国際法上一般に認められた原則である。また、入国後、外国人の人権については、国民主権原理に抵触しない限り、内国人に認められた権利、利益を否定されないとされている。いわゆる内外人平等の原則である。[3]

では、内外人平等の扱いを受ければ、在日朝鮮人の人権問題は解決されるのであろうか。答えは、「解決されない」である。なぜならば、他の外国人とは異なり、「オールドカマー」とも呼ばれる朝鮮人が来日した要因が、日本の植民地支配にあるからである。多くの朝鮮人は過酷な植民地支配によって、土地を奪われ、生活が貧窮し、生きるために祖国を離れざるをえなかった。また、戦争が激化する中、日本の労働力不足を補うため、強制的に連れてこられた。言い換えれば、日本の植民地支配がなければ、在日朝鮮人の人権問題は発生しなかったといえよう。このことは、植民地支配前の1904年に在日朝鮮人がわずか227人しか存在しなかったのに対し、日本の敗戦時には、240万人にまで膨れ上がっていたという事実、そして、在日朝鮮人の80％が1945年時点で帰国を望んでいたという統計資料からも明らかである。[4] したがって、在日朝鮮人の人権問題が解決されるためには、問題の発生要因である植民地支配の清算が前提条件の1つになるのである。

しかし、解放後、きちんとした過去清算はなされないまま、東西冷戦体制の構築と朝鮮半島の分断が継続されることになる。１９６０年代に入ると、社会主義諸国の経済発展が目覚しく、それに危機感を感じた「韓国」、日本、そしてアメリカは、同盟関係を形成し、東アジアの反共体制の強化のため、「韓国」の経済復興を促進させようとする。そこで日本は、「韓国」が対日請求権を放棄することを条件に、補償の意味を含まない「経済協力」を実施。この過程で、日本の植民地支配清算は曖昧にされた。さらに朝鮮半島の分断は、在日朝鮮人人権問題の長期化要因となっている。すなわち分断克服は、在日朝鮮人人権問題解決のもう1つの前提条件になるのである。

第二に、日本政府の在日朝鮮人政策である。これが在日朝鮮人の人権問題に決定的要因を与えている。

日本政府の在日朝鮮人政策とはいかなるものであるのか？

それは、1世紀前、日本が朝鮮を植民地にした際に実施した朝鮮人同化政策の延長であり、第二次大戦後の冷戦体制の下、アメリカの後押しのもとで作成された朝鮮人敵視政策の延長である。このような政策に基づいて在日朝鮮人の処遇が決められているといえよう。[5]

実際、日本政府は、敗戦後、冷戦体制におけるアメリカの極東戦略の要求の中で、サンフランシスコ講和条約と同時に日米安保条約を締結し、そのことによって朝鮮植民地支配に対する歴史的、法的、道義的責任を免れたのである。在日朝鮮人を、あるときは「日本人」、あるときは「外国人」という二重の地位に置き、日本国の国益に応じて使い分け、義務は課し、権利からは排除するとともに、入管法および外登法をもって徹底的に管理・監視する。すなわち、一方で在日朝鮮人に同化をすすめ、同化を受け入れないならば、治安対象として徹底的に弾圧するという政策を採ったのである。

また、1965年「韓日基本条約」締結を契機に、日本政府は、在日朝鮮人社会の中に分断の壁をつくり、「韓国」籍には優遇措置、「朝鮮」籍には冷遇措置というように序列を設けた。このことによって、分断を制度化し、露骨な差別・同化政策を実施したのである。

その後も、日本政府は一貫して、対朝鮮敵視政策に基づいた在日朝鮮人政策を実施し、朝鮮半島情勢が緊張するたびに、総聯と総聯系同胞、朝鮮学校という図式を意図的に作りあげ、政治弾圧を繰り返している。いわゆる外交問題を理由にして朝鮮高校を無償化から排除しようとする動きは、日本政府の在日朝鮮人政策の現れであり、到底、許すことのできない民族差別、人権侵害であるといえよう。

第三に、在日朝鮮人の人権においてもっとも重要な権利は、朝鮮人として生きる権利である。

在日朝鮮人の人権問題が、朝鮮と日本の間において存在した植民地過去清算の一環として扱われてきたという側面と、在日朝鮮人が日本に存在するようになった歴史的特殊性、そして、1945年8月15日以降今日までの間、当然の地位と待遇が保障されず、差別的状況に置かれていたという側面を考慮するとき、国際法において認められた一般外国人の人権の理解では足りず、在日朝鮮人の発生および現況に対する正確な理解に基づいた人権内容へのアプローチが不可欠である。そのような意味で、在日朝鮮人の人権内容を定義するとき、それは、過去の植民地支配とその未清算によって今なお不利益な状況に置かれている在日朝鮮人に対する被害回復のための積極的な措置がとられなくてはならない。すなわち居住国である日本において、朝鮮民族の一員として、生き、そして発展しようとする在日朝鮮人の自主的権利の保障に帰着すると思われる。そもそも自己の運命の主人は在日朝鮮人自身である、という自覚に基づいた民族自決権こそ、在日朝鮮人の人権における核心的部分である。

このように、在日朝鮮人の人権問題を把握するうえでの必要事項に対する理解に基づき、在日朝鮮人の人権問題解決の到達点を示唆するならば、第一に、朝鮮に対する日本政府の植民地過去清算の結果実現される在日朝鮮人の地位の「原状回復」であり、第二に、日本政府による「在日朝鮮人の歴史的特殊性を考慮した当然の地位と権利を付与する具体的な法的及び制度的措置の構築」であるといえよう。[6]

## 3. 依然としてつづく制度的・社会的差別

では、在日朝鮮人はどのような人権状況にあるのであろうか。

在日朝鮮人の人権状況を見てみると、日本政府の在日朝鮮人政策がいかに「一貫性」を帯びているのかを明確に理解することができる。

先に述べたように、日本政府の在日朝鮮人政策は、一方において在日朝鮮人を治安対象化し、他方において同化を促進するというもの（1965年内閣調査室見解）である。

1945年以降の人権状況を要約すると、第一に、GHQと日本政府の在日朝鮮人法制によって「露骨な差別と抑圧」が行われた時期、第二に、サンフランシスコ講和条約締結後日本が資本主義陣営に組み込まれていく中で、在日朝鮮人が治安対象として監視され弾圧された時期、第三に、「韓日基本条約」の締結に基づいて在日同胞社会に分断の壁が造られ、「優遇」と「差別」をもって同化政策が講じられた時期、第四に、日本が経済大国化する中で、形式上難民条約批准が行われ、在日朝鮮人の人権保障において進展があったが、本質的には「朝鮮」籍者に対する人権侵害が行われたいわゆる「アメ」と「ムチ」併用政策が行われた時期、第五に、冷戦の崩壊および新自由主義に基づく在日外国人法制の中、在日外国人の階層化、差別化による分断統治が行われる中で、在日朝鮮人の人権が国益論などを理由に侵害された時期と区分することができよう。

とりわけ、2000年以降、日本政府はこれまで在日朝鮮人に対し行ってきた差別政策を、外国人全般に対象を広げる一方で、外国人内部を序列化し、多層的差別構造を作りあげようとしてきた。また、いわゆる拉致問題を政治的に利用しようとする意図と関連し、在日朝鮮人の人権状況は非常に深刻な事態に陥った。要するに、在日朝鮮人の基本的人権の侵害は「国策実現手段」[7]として利用されているともいえる。そもそも外交問題をもって基本的権利を侵害することはできない。まさに人権侵害以外のなにものでもない。

現在、日本政府は、朝鮮の「ミサイル発射実験」や「核実験」を口実に「制裁措置」を発動しており、「法の厳格適用」の名のもとに、国家権力による恣意的法解釈と濫用、法改正による既得権の侵害を公然と行っている。それによって、在日朝鮮人の人権や生活権が直に侵害されているのである。

人権侵害の具体例として、①特定船舶入港禁止法の適用による「万景峰92号」日本入港禁止、②外為法改正による朝鮮への資金移送防止、朝鮮からの輸入全面禁止・輸出規制などの「制裁措置」、③総聯施設の固定資産税減免取り消し、④捏造事件による総聯施設および朝鮮商工会への不当捜査（「薬事法違反」、「国外移送目的拐取」、「税理士法違反」など）、⑤「右翼の妨害行為の恐れ」を理由にした、総聯の集会のための日比谷野外音楽堂使用許可取り消しや金剛山歌劇団公演のための会場使用取り消し、⑥入管法改正による「韓国籍」者への「再入国許可免除」（朝鮮籍者の除外）、⑦朝鮮学校への処遇差別、とくに、無償化問題や税制上の問題、⑧制度的無年金状態に放置されたままの障がい者・高齢者問題、⑨植民地支配被害者への個人補償（賠償）、名誉回復、原状回復義務の不履行など、多くの問題を挙げることができる。

また、社会的差別の具体的例として、①就職差別、②入居差別、③ヘイトスピーチなどの暴言暴行などを挙げることできる。

とりわけ、看過することができないのは、朝鮮学校児童生徒らに対する暴言暴行であろう。チマチョゴリが切られる事件に直面したとき、身辺安全のため、民族衣装を着ることを断念せざるをえなかった女子生徒たち、通学中に民族の言葉である朝鮮語を使うことのできない状況に追い込まれた子どもたちの思いは、果たしてどのようなものであろうか？

また、「在日特権を許さない市民の会」（「在特会」）のような一般市民で構成されている団体が、朝鮮学校に対する破壊的で暴力的な差別を行っている姿を目のあたりにした在日同胞たちは、果たしてそのような行為に何を感じとったことであろうか？

植民地統治時代、日本政府は朝鮮人に対し日本語を「国語」として強要し、朝鮮名を日本名に変えさせたが、まさに、植民地支配から解放されて75年近く経った現在においても、在日朝鮮人4、5世たちは、日本社会の殺伐とした雰囲気の中で、植民地当時と類似した状況に追い込まれているのである。

このように在日朝鮮人の人権状況は、依然として制度的な差別ばかりでなく、社会的差別までも存在するといえる。それは日本政府がいまだ植民地清算をきちんとしないことに起因している。

※　　※　　※

以上、在日朝鮮人の人権問題の本質と、在日朝鮮人が置かれた人権状況について簡単に整理した。真に差別のない社会を築くためにも、植民地過去清算を促すのはもちろん、在日朝鮮人の人権問題を踏まえ差別撤廃法制のような特別法を制定していくことも、人権状況改善のための重要施策であると思われる。

そのような課題が提起される中、幸運にも、朝鮮大学校政治経済学部法律学科卒業生たちが法曹界へ進出し、在日朝鮮人の人権問題解決のための新たな闘いに挑んでいる。本書では、法律学科出身弁護士たちの人権のための闘いの記録が収録されている。私たちはそれらの事例を通じて、在日朝鮮人人権問題解決の糸口とその課題を明確に読み取ることができるであろう。

（李泰一）

【注】

1）芦部信喜『憲法学Ⅱ人権総論』（有斐閣、１９９４年）47頁。
2）辻村みよ子「人権の観念」高橋和之・大石眞編『憲法の争点２』（有斐閣、１９９９年）50頁。
3）筒井若水「外国人の経済活動—国際法の原則と問題点」『ジュリスト』４５１号（有斐閣、１９７０年）69頁。
4）韓徳銖『主体的海外僑胞運動の思想と実践（朝鮮語版）』（九月書房、１９８６年）を参照。
5）このことは、内閣調査室の見解によって明らかに示されている。それは次の通りである。

「わが国に永住する異民族が、いつまでも異民族としてとどまることは、一種の少数民族として将来困難深刻な社会問題となることは明かである。彼我双方の将来における生活と安定のために、これらのひとたち（在日朝鮮人）に対する同化政策が強調されるゆえんである。すなわち大いに帰化してもらうことである。帰化人そのものは、たとえば半日本として日韓双方の人から白い眼で見られることもあり、大いに悩むであろう。しかし、二世、三世と先にいくに従って全く問題ではなくなる。……国家百年の大計のため、また治安問題としても、帰化を大々的に認めるとか、彼らの民生安定のための思い切った措置をとることが、大乗的見地に立脚した政策が必要である。ここでも、南北のいずれを問わず、彼らの行う在日の子弟に対する民族教育に対する対策が早急に確立されなければならないということができる」『調査月報』（7月号、１９６５年）73頁。

「最近において、ようやく政界の一部もこのような朝総連の教育活動、特に日本の公費公有財産を使っての共産主義教育に対して、何とか是正すべき方針を見出したいとして動き出しているようである。この問題は文教問題として取り上げるより、閉鎖の実力行使をどうするかというような治安問題としての処理を考えねばならない」『調査月報』（7月号、１９６５年）65頁。

6）金昌宣「在日朝鮮人の法的地位を問い直す」『法学セミナー』４８８号（有斐閣、１９９５年）38～39頁。

7）金昌宣「植民地時代に通底する現在進行形の差別と抑圧」『朝鮮商工会新聞』２５６９号（２０１０年）10面。

# 第2章　無年金問題――在日コリアン高齢者無年金国家賠償請求訴訟

朝鮮半島が日本の植民地となり、様々な理由から日本に渡航してきた朝鮮人が、１９４５年の解放を迎えた後、朝鮮半島に帰ることができず、日本に定着せざるを得なかったことにより、在日朝鮮人社会が形成された。

解放直後の在日朝鮮人の生活状態からして、社会保障の必要性が大きかったことは明らかであった。日雇労働者健康保険、厚生年金保険、雇用保険等の被用者保険では、国籍を理由とする差別はなかったが、在日朝鮮人が雇用されること自体が困難という状況にあり、職業安定法施行規則において、「労働協約に別段の定めある場合を除いて、雇用主が労働者を選択する自由を妨げず」として、国籍による雇用差別を合法化している状況下では、被用者保険について、在日朝鮮人がどのような適用を受けてきたのかは疑問である。[1]

在日朝鮮人が解放を迎えた当時、在日朝鮮人の国籍は「日本」であったが、１９５２年のサンフランシスコ講和条約の発効により、連合国による占領から脱した日本政府は、法務府民事局通達（巻末資料２２９～２２８頁）により、サンフランシスコ講和条約発効時を以て在日朝鮮人らはその意思によらず日本国籍を喪失すると宣言し、一方的に在日朝鮮人の「日本」国籍を喪失させた。

日本政府は、在日朝鮮人から日本国籍を喪失させると、その後に成立した社会保障制度に関する法律について国籍要件を設け、在日朝鮮人を保障の枠外に置くことによって、無権利状態に追い込んでいった。

国民年金制度においても、国籍要件を設けて、在日朝鮮人を排除したため、その保障を受けることができなかった在日朝鮮人は、司法に救済を求めて日本政府を被告として訴訟提起をせざるを得なかった。これがいわゆる「在日朝鮮人無年金裁判」である。

以下では、国民年金法の概要に始まりその問題点を整理するとともに、福岡における在日朝鮮人高齢者無年金裁判について紹介する。一方で在日朝鮮人障がい者無年金裁判も重要であるが、紙幅の関係上、割愛させていただく。

## 1. 国民年金法と在日朝鮮人排除

### 1) 国民年金法の制定

国民年金法（昭和34年法律第141号、以下「旧法」）は、1959年4月16日に公布され、同年11月1日に施行された。それまで日本の公的年金制度は、厚生年金保険、船員保険、公務員共済組合のような被用者年金として限られた範囲で存在していたに過ぎなかったが、旧法は自営業者、失業者、無職者、非正規労働者などを対象とした公的年金制度を創設し、国民皆保険体制を確立することを目的とするものであった。

国民年金は、老齢、障がいまたは死亡という給付事由に関し、必要な給付を行う社会制度であり、日本国内に住所を有する20歳以上60歳未満の日本国民が原則として被保険者とされ（旧法7条1項）、老齢年金の受給資格期間を25年以上として、それを充足した者に65歳から年金を支給することを原則とした（旧法26条）。国民年金制度は、被保険者が保険料を納付し、それを主な財源として拠出する拠出制を前提としていた。

ただし、拠出制国民年金は制度発足時に給付事由が発生している場合（老齢年金の支給年齢に到達していた者、障がいが発生している者）は、拠出制年金に加入できない。年金保険は本来、保険加入後の保険事故の発生に保険給付をする仕組みが原則であるから、保険へ加入する前に給付事由が発生していれば、保険給付の対象にできない。

このように、国民年金の老齢年金の受給には、25年以上の保険料拠出期間が必要なので、たとえば35歳を超えた年齢の者が加入しても、60歳までに拠出期間を満たすことができない。

そのため、施行当初において、35歳を超えていた者については段階的に給付期間（資格取得期間）を短縮し、当時50歳を超える者については強制加入被保険者とせず、70歳から無拠出制の老齢福祉年金を支給することにした。老齢年金の財源は、被保険者が納付した保険料と国庫負担（税金）であり、老齢福祉年金の財源は全て国庫負担であった。

## ２）国籍条項の存在

旧法7条1項は「日本国内に住所を有する20歳以上60歳未満の日本国民は国民年金の被保険者とする」（傍点筆者、以下同）と定め、日本国籍を有しない者を除外した。また、老齢福祉年金の支給要件を定めた旧法53条1項はその但し書きで、「その者が70歳に達した日において、日本国民でないとき、又は日本国内に住所を有しないとき」と定め、やはり、日本国籍を有しない者を排除した。

そのため、旧法施行当時、既に日本国籍を失っていた在日朝鮮人は、国民年金に加入することができず、また、無拠出制の老齢福祉年金の支給を受けることもできなかった。

## ３）整備法による国籍要件の撤廃

１９８１年、日本政府が難民の地位に関する条約を批准したことに伴い「難民の地位に関する条約等への加入に伴う出入国管理令その他関係法律の整備に関する法律」が制定された（以下「整備法」）。

整備法の制定により、旧法7条1項中、「日本国民」の文言は「者」に改められ、老齢福祉年金に関する旧法53条1項但し書きは削除された。

これにより、国民年金制度における拠出制の年金の被保険者に関して国籍要件が撤廃され、無拠出制の福祉年金である老齢福祉年金においても、国籍要件が撤廃されることになった。

しかしながら、整備法は遡及せず、それまで国籍要件によって国民年金の被保険者とされなかった者について、何らの救済措置もなされなかった（整備法附則4項）。[2] また、老齢福祉年金についても、旧法の国籍要件により支給されなかった者についても「なお従前の例による」とした（整備法附則5項）。[3]

そのため、整備法施行日である1982年1月1日時点で60歳以上の在日朝鮮人は国民年金に加入することができず、また、同日時点で35歳以上60歳未満の在日朝鮮人は「強制加入」であるが、たとえ加入して保険料を払い続けたとしても、厚生年金などの納付期間がない限りは25年の被保険者資格期間を満たすことができず、老齢年金を受給することができなかった。

このように、整備法は、拠出制の年金および無拠出制の福祉年金のいずれについても国籍要件を撤廃する一方で、これまで国籍要件によって国民年金の被保険者となれなかった者については、遡及して国民年金法を適用しないこととした。したがって、それまで国籍要件によって排除されていた在日朝鮮人は原則的な支給要件は満たされなければならず、それに対する救済もこの時点では行われなかった。

## 4）国民年金法等の一部を改正する法律

１９８５年に国民年金法等の一部を改正する法律（以下「新法」）が制定され、年金制度の大改革が行われた。これまで被用者を対象とした厚生年金および共済年金と分立してた年金制度が改められ、国民年金の適用を全国民に拡大するとともに、全国民共通の基礎年金を国民年金から支給し、その上に被用者年金から所得比例等の年金を上乗せするという「二階建て」の体系に公的年金制度が再編・統一され、老齢年金等は老齢基礎年金に改められた（新法15条）。

新法によって、国民年金の適用が被用者やサラリーマンの配偶者等、全国民に拡大されたが、従来は任意加入だったサラリーマンの配偶者らは強制加入被保険者とされ、保険料を納付しなければならなくなったが、それまで保険料を納付していなかったため、保険料を納付しても60歳までに25年の受給資格期間を満たすことのできない者が多数生じることとなった。

そのため新法は、新たな強制加入被保険者の納付する保険料が掛け捨てにならないための措置として、それまでの任意加入期間を「合算対象期間（カラ期間）」として、25年の受給資格期間に合算することを認めた（新法附則８条５項10号）。対象となるのは、１９６１年４月１日から整備法による国籍条項撤廃前の１９８１年12月までの20年９ヶ月分であった。カラ期間は老齢年金の資格取得期間に算入でき、かつ年金額の計算ではカラ期間の３分の１を保険料納入期間に加算できる。そのため、年金給付額の3分の2が保険料で賄われ、残りの3分の1が国庫負担（税金）で賄われるというものであった。

たとえば、新法施行時で59歳の者がカラ期間を24年利用して、1年間の保険料を納付した場合、受給できる年金額は月額2000円程度であり、最低限度の生活保障としての年金の機能を果たすものではなかった。

これは、カラ期間が「加入できるのに加入しなかった」旧任意加入被保険者が強制加入被保険者になった際に、今後納付する保険料を掛け捨てにしないための制度に過ぎず、後に述べるが、小笠原・沖縄返還時のように「加入したくても加入できなかった」者に年金を保障して国民皆年金を実現しようとする経過・救済措置とは異にするものだったからである。

従来、国籍要件により国民年金に加入することができなかった在日朝鮮人についても、国籍要件が原因で被保険者になれなかった期間をカラ期間として算入することが認められたが、これが在日朝鮮人に対してとられた唯一の経過措置となった。

カラ期間は「加入できるのに加入しなかった」者のための制度であるのに対して、在日朝鮮人は「加入したくても加入できなかった」者であったため、カラ期間だけの経過措置は、在日朝鮮人にとっては極めて不十分な経過措置に過ぎなかった。

また、新法はその施行日に60歳以上の者には適用されず、新法施行日前に発生した年金給付については「なお従前の例による」とされ、整備法制定時と同様に、何らの救済措置を講じなかった（新法施行附則32条1項）。[4]

そのため、施行日である1986年4月1日に60歳以上の者はカラ期間を利用することができず、国民年金制度から排除された。また、カラ期間が資格取得期間に算入できることに大きな意義があったことから、カラ期間を利用しても受給できる年金額は極めて少額であった。

## 5）被保険者の範囲を広げる際の救済措置

このような数次の改正が行われたにもかかわらず、国民年金制度における在日朝鮮人の差別的状況は改善されない一方、救済措置がとられた例は存在する。

まず、国民年金の被保険者の範囲を広げるため、1968年の小笠原諸島返還時、1972年の沖縄返還時には、その者らに対しても、老齢年金や老齢福祉年金が支給されるように、救済措置がとられた。

また、いわゆる中国残留日本人が日本に帰国した際も救済措置がとられた。「中国残留邦人等の円滑な帰国の促進及び永住帰国後の自立の支援に関する法律」および同施行令により、永住帰国した中国残留日本人等に関し、老齢基礎年金の3分の1を支給するというものであった。

これは、1961年4月1日から永住帰国前日までで20歳以上69歳未満の期間は保険料免除期間とみなし、永住帰国から6年以内に追納すれば保険料納付済期間として算入するというものであった。また、同法は1911年4月1日以降に生まれた人が対象であったが、それより以前に生まれた人は、帰国すれば老齢福祉年金を受給することができた。

2008年4月以降、同法の改正により、老齢基礎年金を満額支給するとともに、老齢基礎年金を補完する支給を行うこと等を内容とする施策が実施されている。

このように、後発的に社会共同体の一員として国民年金制度の被保険者の範囲を広げ、国民年金制度に組み入れる際、保険料を免除し、一定期間にわたって追納を認めたりするような救済措置がとられたばかりか、一定の年齢を超えている者については保険料を全く納めなくても老齢福祉年金を受給できるような救済措置をとった例はある。

## 6）救済措置の不存在

国民年金法の制定および改正のたびに救済措置がとられてきたが、在日朝鮮人高齢者に対してはどうであったか。

1982年の整備法の制定により、国民年金法の国籍要件は撤廃されたものの、日本政府は、カラ期間の制度を除いて、在日朝鮮人高齢者が国民年金を受給することができるための経過措置や救済措置を講じなかった。1982年の国籍要件の撤廃は、在日朝鮮人にとっての年金制度の「発足」であり、国民年金制度の趣旨が、社会連帯による国民皆年金の実現であることから、1959年の旧法制定当時支給要件を満たさなかった日本国民や中国残留日本人などに対してとられた救済措置のように、新に加入資格を得た者が無年金とならないように救済措置をとることが必要不可欠であった。しかも、日本政府は、カラ期間の創設を該当者に通知することもなく、積極的な広報がなされなかったため、同制度を利用して年金を受給することができた在日朝鮮人は極めて少数であった。

## 7）国民年金制度排除の不当性

このように、在日朝鮮人高齢者を国民年金制度から排除することは、在日朝鮮人が植民地支配の結果、日本に居住することになったという歴史的な特殊性と、国際法上、在日朝鮮人が日本国憲法上の権利を享有する主体であるという権利主体性の側面からも不当である。

まず、歴史的特殊性の側面で特に重要なのは、日本政府が在日朝鮮人の国籍を狡猾に利用してきた問題である。

1910年の日本による植民地支配以降、在日朝鮮人は、日本人として扱われた。朝鮮住民は、一律に日本国籍者とされ、朝鮮半島で出生した者も日本国内で出生した者もすべて生まれながらに日本国籍を保有していた。一方、台湾の場合にはその扱いは異なる。日本は、朝鮮半島と同様、1895年に台湾を占領した。そのときは、日清講和条約5条により、台湾住民は

2年間の猶予期間中に不動産を売却して島外退去するか、島内にとどまり日本国籍を付与されるかを選択できることになっていた。これとは対照的に朝鮮を植民地支配したときは、台湾占領時のような国籍選択権は付与されなかった。朝鮮支配の必要上、日本の支配権の及ばない外国籍の朝鮮人が出現することを忌避するためであった。その結果、中国東北部間島地方の朝鮮人による反日運動は、日本の犯罪者による犯罪行為として弾圧し、一方で朝鮮人と中国当局が対立する局面では、「邦人保護」と称して日本軍の中国領土への越境を合理化する理由とされた。このように、朝鮮人にとって、日本国籍は、当時の日本国の政策的利害のために全く選択の余地無く強制的に付与されたのであり、これは日本の朝鮮に対する植民地支配、すなわち日本の国家行為によるものであった。ところが、日本政府は、敗戦後の平和条約の解釈という形式をとった一方的な通達によって、在日朝鮮人の日本国籍を喪失させたのである。そして、その時機を見計らったかのように、日本の侵略行為により被害を受けた在日朝鮮人を、国籍要件を理由として各種の戦争犠牲者援護法や社会保障法から排除した。

権利享有主体の側面として見るならば、在日朝鮮人は日本政府が批准した国際人権諸条約上、権利が認められる。また、日本国憲法においても論者によってその差はあるにしろ、権利享有主体として認められることについては論を待たない。

近時、注目されるのは、歴史的過程で獲得された在留権としての「特別永住者」に対する法的保障に関する主張である。たとえば、特別永住者である在日朝鮮人の都庁管理職選考受験資格確認等請求事件の上告審である大法廷（2005年1月26日）が、原告勝訴の東京高裁判決を取り消したが、その際、反対意見書を書いた泉徳治裁判官（現在は弁護士）は、その中で「特別永住者は、本来、憲法が保障する法の下の平等原則及び職業選択の自由を享受するものであり、かつ、地方公務員となることを法律で特に制限されてはいない。」と指摘した。また、泉裁判官は、公益社団法人自由人権協会主催の「最高裁判所の役割――私の少数意見を中心に」と題した講演の中で、「司法権による審査――基本は人権に関する厳格な司法審査」を①精神的自由を制約する立法等、②民主的政治過程を制約する立法等、③社会的に分離した孤立した少数者の権利を制約する立法等に分類し、③について「民主主義のシステムがいかにうまく機能しても、国会に意見を反映することのできない少数者の人々の基本的人権の擁護は司法の役割である。この観点から、特別永住者や非嫡出子に関する従来の大法廷判決は再検討してみる必要がある」と述べて、特別永住者の人権擁護につき積極的な司法救済が妥当する旨を説いている。

## 2．福岡在日朝鮮人高齢者無年金裁判

### 1）裁判の提訴

旧法における年金制度からの排除、国籍要件が撤廃された整備法やカラ期間の適用が認めら

れた新法の規定が遡及しないとされたこと、整備法や新法に何らの救済措置を設けなかったことにより、年金の支給を受けることができないとして、在日朝鮮人高齢者が、大阪地裁、京都地裁および福岡地裁に対して訴訟提起したが、いずれの地裁、その後の高裁のみならず、最高裁判所においても在日朝鮮人高齢者の無年金状態を救済することはなかった。

２００７年9月18日、福岡県に住所を有する在日朝鮮人９名が、①国民年金法の制定に際し国籍要件を設けて同年金の被保険者から同人らを除外した立法行為および、②同法の改正過程で国籍要件を撤廃した際に経過措置や原告らに対する救済措置をとらなかった立法不作為が、いずれも憲法14条1項に違反し、ひいては国家賠償法上違法であるとして、日本国を被告として、国家賠償法1条1項に基づいて、それぞれ損害賠償金の支払を求めて、福岡地裁に提訴した（平成19年（ワ）第３２８１号　以下「福岡裁判」）。

「在日コリアンへの年金差別を許すな!」デモ参加者たち（福岡地裁前、2008年2月6日）

## 2）福岡裁判の争点

福岡裁判においては、①旧法における国籍要件が、平等原則を定める憲法14条1項に違反するか、②整備法及び新法において、在日朝鮮人に対する経過措置及び救済措置がとられないことが憲法14条1項に違反するか、が争われた。

### ⑴争点①（旧法における国籍要件が、平等原則を定める憲法14条1項に違反するか）

まず、争点①について、原告側は「……在日コリアンは、日本による植民地統治の結果、日本国籍保有者として出生し、解放後も日本に居住し続け、違憲の疑いのある処分によって自己の意思によることなく日本国籍を失ったが、生活の本拠は日本国内にしかなく、現実に生涯にわたり日本に居住し、世代を重ねてきた……このような在日コリアンの特殊性からすれば、その権利の享有については日本国民に対する場合と可及的に同程度の基準により判断すべきである。在日コリアンは、本邦に在住するに至った経緯や在住実態において、日本に在住する外国人のうちでも極めて特殊かつ同質的特徴を有しており、外国人一般として論じることはできない」としたうえで、「被告は、民事局通達により、一方的に原告ら在日コリアンの日本国籍をその意思によらずにはく奪し、その上で、わざわざ旧法（当初法）において国籍要件を設けたの

Q2 掛け金を払っていない在日コリアン高齢者には、年金を支給しなくてよいのではないですか？
A2 在日コリアンは自分の意思で掛け金を払わなかったのではありません。
国籍要件によって年金制度から排除され、払いたくても払えなかったのです。国民年金は掛け金のみで成り立つのではなく、財源の２分の１は税金です。在日コリアンは、長年にわたって税金を納めてきましたが、年金の支給を受けられません。
国民年金の財源　＝　税金１：保険料１
そもそも、国民年金は誰もに等しく訪れる「老齢」という生活上の困難を条件として給付される生活保障であって、支払った掛け金に対する対価として支給されるものではありません。したがって、日本社会の一員として生活をしてきた在日コリアン高齢者に対しては、掛け金の支払いの有無にかかわらず、年金を支給しなければなりません。
Q&A
Q4 1986年「カラ期間」が設けられ、在日コリアンも老齢年金を受給できるようになったのではありませんか？
A4 これでは最低限の生活保障は達成できません。
1986年、新国民年金制度の実施により、保険料の納付期間が25年に達しない場合でも、一定期間を加算して、保険に25年間加入していたとみなす「カラ期間」が設けられ、年金を受給できるようになりました。しかし「カラ期間」は老齢年金の受給金額の計算には反映されません。これでは最低限度の生活保障という年金の目的を達成できません。
1986年 当時59歳の在日コリアンの場合
・1年間分を納めれば、25年間加入とみなされる（24年分は「カラ期間」）
・受給金額は満額の40分の1＝月額約2,000円「カラ期間」は受給金額計算に反映されない
また「カラ期間」についてほとんど広報されなかったため、多くの在日コリアンが利用する機会を逸してしまい、その結果、多くの在日コリアン高齢者が無年金者となりました。
蓄えも少なくなりました
年金もございません
長生きするのが 死より
もっと怖うございます
の原告の在日コリアンである83歳の女性は
法廷で 涙ながらに こう訴えました
高齢者は 植民地時代に日本国籍を持って生まれ
国と地方公共団体に税金を支払ってきました
なぜ「外国人」として年金制度から排除され
な苦しみを負わなければならないのでしょうか
福岡訴訟について
在日コリアンへの
年金差別を許すな
在日コリアン無年金問題とは？
無年金問題
在日コリアン
高齢者訴訟を
ご存知ですか
無年金高齢者訴訟原告団・弁護団
在日コリアン無年金福岡裁判を支援する会

（無年金訴訟パンフより）

であり、原告らを社会保障から不当に排除する目的であった」として、立法目的の不当性を述べるとともに、「原告ら在日コリアンに対して国民年金への加入を認めても、日本国民を優先するという立法目的を何ら阻害することにはならず、むしろ、社会保障制度のリスク分散機能からすれば、国民に対する社会保障を充実することにもつながるのであるから、日本国民を優先するという立法目的と国籍要件を設けて原告らの任意加入すら認めなかったという手段との間には合理的関連性がなく、憲法14条1項に反する」と主張した。

これに対し、福岡地裁は「国民年金制度が憲法25条2項の趣旨を実現するために設けられた社会保障上の制度である」として、「憲法25条の規定の趣旨にこたえて具体的にどのような立法措置を講じるかの選択決定は、立法府の広い裁量に委ねられており、それが著しく合理性を欠き明らかに裁量権の逸脱、濫用とみざるを得ない場合を除き、裁判所が審査判断するのに適しない事柄である」としたうえで、「受給権者の範囲、支給要件等につき何ら合理的理由のない不当な差別的取扱いをするときは、憲法14条違反の問題を生じうることは否定し得ない」とする一方、「国民年金制度創設の経緯や制度内容等に照らすと、その制度設定に当たっては、国の財政事情を無視することができず、また、高度の専門技術的な考察とそれに基づく政策的判断を必要とするというべきであるから、立法府が、その被保険者の範囲や老齢福祉年金の支給の対象範囲を定めるに当たっては、広範な裁量権があるものというべきである」として、「社会保障上の施策において在留外国人をどのように処遇するかについては、国は、特別の条約を存しない限り、当該外国人の属する国との外交関係、変動する国際情勢、国内の政治・経済・社会的諸事情等に照らしながら、その政治的判断によりこれを決定することができる」と司法による判断を回避しながら、「在日コリアンについて、総体的にみれば、原告らの主張するような歴史的経緯等が存在することが否定できないとしても、我が国に居住した時期や居住するに至った事情、将来の帰国予定の有無等の個別事情は、個々人により様々であると言わざるを得ないから……一律に他の在留外国人と区別して取り扱うべきであるとまでは言い難い。かかる取扱いをするか否かは、正に立法政策の問題であって、かかる取扱いをしないことが立法裁量を逸脱する不合理な差別であるとまではいえない」と判示（２０１０年9月8日）し、日本政府に広範な裁量を認め、憲法14条に違反しないという判断を下した。

### (2)争点②（整備法および新法において、在日朝鮮人に対する経過措置及び救済措置がとられないことが憲法14条1項に違反するか）

原告側は次に「在日コリアンの定住がより確実なものとなるなど、時代の経過とともに十分認識されたにもかかわらず、被告は整備法による国籍要件の撤廃まで約22年にわたり放置し続けた……在日コリアンは、整備法による国籍要件の撤廃によって初めて国民年金に加入することができるようになったのであるから、旧法（当初法）制定時に日本国民に対してとられたのと同等の救済・経過措置を当然に設けるべきであった……貧困のため保険料を十分拠出できなかった者には国庫負担を通じた援助がなく、保険料を拠出することのできた人に対してだけ国庫負担で援助するのは不公平であるというのであれば、納税の義務を果たしていながら、国民年金制度から排除されていた在日コリアンに国庫負担を通じた援助がないのは更に不公平である……在日コリアンは、国民年金制度に加入したくても加入できなかった者であり、保険料を納付していなかった扱いは違憲の疑いが極めて高いから、在外邦人に対する経過措置等の取扱いを根拠に在日コリアンに対する経過措置をとらなかったことを正当化することはできない」と主張し、幾度の改正により経過措置及び救済措置がとられたにもかかわらず、在日朝鮮人に対してはこのような措置が講じられていないことは憲法14条に反すると主張した。

これに対し、福岡地裁は「整備法により旧法の国籍要件を撤廃するに際しては、原告らのように、それのみではなお国民年金制度の被保険者ないし老齢年金の受給資格要件を満たさない者に対して、何らかの救済措置等を講じることが望ましかったことは否定し難いところである……在日コリアンの我が国への定住が旧法制定時と比較してより確実なものとなるなど、その総体的状況には一定の変化があったこともうかがわれ、整備法による改正によって国籍要件を撤廃するに際しては、在日コリアンに対する歴史的経緯等を踏まえるなどして、何らかの立法措置を講じることは、立法政策としてはあり得たものと考えられる」とする一方で、「整備法により旧法の国籍要件を撤廃するに際して、その効果を遡及させるような何らかの立法措置を講じるか否かは、もとより立法府の裁量事項に属するというべきである……原告らが主張する救済措置等は、このような財源の全部又は一部を国庫が負担する無拠出制の年金等を意味するものと解されるところ、立法府はかかる無拠出制の年金等を前提とする救済措置を講じるか否かについては、より広範な裁量権を有するものというべきである……小笠原諸島復帰時等にとられた経過・救済措置は、いずれも、本来であれば強制加入の対象となっていたはずの者に対する措置であり、旧法において明確に国民年金制度の適用対象とされていなかった在日コリアンの場合とは事情を異にするものといわざるを得ないこと、在日コリアンに対する救済措置等をとることによって、他の在留外国人との間で取扱いに差異を生じること等にも照らせば、原告らが主張するような救済措置がとられないことが、直ちに著しく合理性を欠き明らかに裁量の逸脱、濫用とみざるを得ないものということができない……昭和60年改正法（新法）についても同様に当てはまるというべきであり、原告らが主張するような救済措置等がとられていないことが、直ちに著しく合理性を欠き明らかに裁量の逸脱、濫用とみざるを得ないものということはできない」と判示し、この点に対する原告側の主張も認められなかった。

結果として、福岡地裁は、前記のとおり、旧法における国籍要件は憲法14条1項に違反するものではなく、また、整備法及び新法において、経過措置及び救済措置をとらなかったことは憲法14条1項に違反するものではないとして、原告らの請求をいずれも棄却した。

## 3）福岡高裁の判断

原告側は、地裁判決を不服として福岡高裁に控訴した。

福岡高裁での控訴審は、２０１１年2月21日に第1回口頭弁論が開かれた後、同年7月25日に結審し、同年10月17日に判決が言い渡された。

福岡高裁は、福岡地裁と同様の判断枠組みを設定したうえで、争点①（旧法における国籍要件が、平等原則を定める憲法14条1項に違反するか）について、「厚生年金保険法等による年金制度の適用対象外であった自営業者・農業従事者等を対象とした公的年金制度を創設し、国民皆年金制度の確立を図るために、まず日本国民に対し社会保障を行うことが急務とされていたという我が国の歴史的・社会的事情に照らせば、仮に在日コリアンからの保険料収入が老齢年金等の給付金の支出を上回ることが予測されていたとしても、旧法において国籍要件を設けたことが、直ちに合理的根拠を欠くということはできない……旧法制定当時、社会権については、まず各人の所属する国によって保障されるべき権利を意味するのであり、当然に外国によっても保障されるべき権利を意味するものではないというのが通説的見解であった……在日コリアンについて、控訴人らが主張するような歴史的経緯等があることは否定できず、一般外国人とは異なった特段の配慮が必要であることは認められるものの、『日本国に居住する大韓民国国民の法的地位及び待遇に関する日本国と大韓民国との間の協定』において、在日コリアン（大韓民国国民）に対し、日本政府が妥当な考慮を払うものとされていた事項の中に、我が国における養育、生活保護及び国民健康保険に関する事項は含まれているが、国民年金に関する事項は含まれていないこと等を考慮すると、在日コリアンに対し、自国民と同一の社会保障を与える法的義務があるということはできないし、在日コリアンといっても、我が国に居住するようになった時期や居住するに至った事情等は様々であって、日本国籍者として出生し、自らの意思に関係なく日本国籍を喪失させられた者を一律に社会保障給付の適用対象とすべきか否かについては検討を要する問題であったことを考慮すると、控訴人らが主張するような歴史的背景を有する外国人を一般の在留外国人と区別することが立法技術的に容易であったと認めることもできない」と判示した。

また、争点②（整備法及び新法において、在日朝鮮人に対する経過措置及び救済措置がとられないことが憲法14条1項に違反するか）については、「旧法の国籍要件自体が憲法14条1項に反する違法なものであったとはいえない以上、もともと制度の対象となっていなかった外国人について、将来に向かって新たな年金制度を構築する際、すでに高齢となっていたため被保険者とはなり得ない、あるいは、保険料納付期間等が25年以上という受給要件を満たし得ないために制度の対象とならない者につき、遡及して何らかの取扱いをするか否かは立法府の裁量に委任されている領域であり、特別の遡及措置を講じるか否かはまさに立法府がその裁量により行うべき政策選択というべきである……整備法制定当時の衆議院及び参議院の各種委員会において、国籍要件撤廃に伴う経過措置の必要性につき検討されたことが認められるのであって、その検討結果の合理性について種々の意見があり得るとしても、最終的に経過措置を講じるか否かは立法府の裁量に任されているというべきであるし、小笠原諸島の復帰に伴う法例の適用の暫定措置等に関する法律に基づく小笠原諸島に住所を有する者に対する特例措置は、旧法制定当時、日本の施政権が及ばなかったため結果的に国民年金制度に加入できない状態にあった者に対して行われたものであって、その当否はともかくとして制度発足当時から国籍要件撤廃時まで明確に国民年金制度の適用対象外とされた在日コリアンに対する特例措置を、小笠原諸島に住所を有する者に対する特例措置と同視することはできない」と判示した。

結局、福岡高裁も地裁判決を踏襲する形で控訴人らの控訴を退けた。

## 4）最高裁の判断

福岡高裁において、請求棄却の地裁判決が維持されたことから、控訴人らは最高裁判所に上告のうえ、2012年1月23日付の上告理由書及び上告受理申立理由書を提出したが、最高裁は、2014年2月6日に上告人らの上告を棄却した。これにより、原告らの請求を棄却する敗訴判決が確定した。

## 3．裁判所はいつまで従来の判断を維持し続けるのか

２００７年9月18日から始まった無年金裁判も最高裁まで約7年の時間を経て、結果として原告敗訴となった。全国各地で行われてきた無年金裁判と同様の結果ではあるが、この間に日弁連の人権救済申立てに対する勧告や、国連の各委員会からも勧告等が出ている。

### 1）日本弁護士連合会の勧告

２００８年6月30日、日本に在住する朝鮮半島出身者およびその子孫である人らが、１９８２年1月1日の時点で20歳を超えていた在日朝鮮人障がい者に障害基礎年金が支給されず、また１９８６年4月1日の時点で60歳を超えていた在日朝鮮人高齢者らに老齢福祉年金が支給されないことにより、困窮した生活を送ることを余儀なくされているとして、日本弁護士連合会人権擁護委員会（以下「日弁連」）に人権救済を申し立てた。

当該申立に基づく日弁連の調査報告書は、２０１０年3月18日に発表された。[5)]

日弁連宇都宮健児会長（当時）は、２０１０年4月7日、長妻昭厚生労働大臣、鳩山由紀夫内閣総理大臣、横路孝弘衆議院議長、江田五月参議院議長（いずれも当時）に対して、「在日外国人無年金障がい者・高齢者が差別なく年金の支給を受けられるようにするため、難民の地位に関する条約等への加入に伴う出入国管理令その他関係法律の整備に関する法律附則5項、国民年金法の一部を改正する法律31条、32条1項等を改正するなどの救済措置を速やかに講じるよう勧告」した。

## 2）調査報告書の内容

### (1) 憲法14条違反について

日弁連は、憲法14条違反にかかる審査基準について、「旧植民地出身者又はその子孫については、植民地支配の結果として日本での生活を余儀なくされたという歴史的経緯や、通常日本において生涯にわたり生活するという生活実態に鑑み、これらの者の権利を国籍を理由として制限するに当たっては、厳格な合理性が要求されるものというべきである」とした。

そのうえで、旧法の国籍条項について、「国民年金制度が、原則として拠出制の社会保険制度であり、無拠出の社会保障給付と異なることに鑑みれば、日本に定住していた外国人について、日本国籍を有しないことのみを理由に一律に被保険者資格から除外したことには疑問がある。

このことは、被用者保険である厚生年金については、被保険者の範囲を国籍によって限定していなかったことからも、裏付けられるものというべきであって、当時の社会的・経済的状況を前提としても、国籍を理由に適用を排除することが当然に合理的なものとなるわけではない……特に、旧植民地出身者又はその子孫については、日本の植民地であった時代に日本に渡航し、日本国籍を有していたところ、サンフランシスコ条約の発効によって一方的に日本国籍を喪失したことに鑑みれば、これらの者をも排除していた旧法下の国籍条項は合理性を欠くものというべきである」とした。

また、国籍要件の撤廃を遡及しないとした整備法附則の規定及び整備法に何らの救済措置がないことについて、「旧法下において、日本国民に対しては、無拠出制の福祉年金として障がい福祉年金及び老齢福祉年金による救済措置が講じられていたところ、昭和56年の整備法制定当時における日本の社会的・経済的状況が向上していたことに鑑みれば、国籍要件を撤廃した整備法の下において、同様の救済措置を講じなかったことは、合理性を欠くものであったといわざるを得ない……特に、旧植民地出身者又はその子孫については、旧法下の国籍要件自体が合理性を欠くものであったことからすれば、このような者についてまで国籍要件の撤廃を遡及しないとした整備法附則の規定や、整備法に何らの救済措置がないことが、憲法14条1項に違反することは明らかであるというべきである」とした。

さらに、国籍要件の撤廃を遡及しないとした新法附則の規定および新法に何らの救済措置がないことについて、「既に整備法制定当時において、何らの救済措置を講じなかったことが合理性を欠くものであったところ、新法制定以降、中国残留邦人における無年金問題については、救済措置が実施され、また、学生無年金障がい者問題においても、救済措置が実施されるに至った。

しかるところ、在日外国人無年金障がい者・高齢者に対しては、何らの救済措置も講じられていない状態にあるところ、特定障がい者に対する特別障害給付金の支給に関する法律の附則及びその審議過程における付帯決議において、今後検討を加えることとされているにもかかわらず、現在に至るまで、国において、具体的な検討が開始されていることはうかがえない。

このような状況に加えて、在日外国人無年金障がい者・高齢者の高齢化や長引く不況などによる社会経済環境が変化している状況に鑑みれば、憲法14条1項違反の状態は、さらに著しくなっており、かつ明らかになっているものというべきである」とした。

### (2) 自由権規約および社会権規約違反について

自由権規約26条は「全ての者は、法律の前に平等であり、いかなる差別もなしに法律による平等の保護を受ける権利を有する。このため、法律は、あらゆる差別を禁止し及び人種、皮膚の色、性、言語、宗教、政治的意見その他の意見、国民的若しくは社会的出身、財産、出生又は他の地位等のいかなる理由による差別に対しても平等のかつ効果的な保護をすべての者に保障する」としている。

日弁連は、この国際人権規約違反についても触れている。

日弁連は「日本政府は、国際人権（自由権）規約について、留保なしに批准したものであるから、何らの立法措置を講ずることなく、同規約は国内法的効力を有するものであり、また、その性格と規定の形式からすれば、同規約は裁判規範性を有するものである」とした。

また、社会権規約2条2項は「この規約の締約国は、この規約に規定する権利が人種、皮膚の色、性、言語、宗教、政治的意見その他の意見、国民的若しくは社会的出身、財産、出生又は他の地位によるいかなる差別もなしに行使されることを保障することを約束する」と規定しており、これについて、「日本政府は留保なしに批准したものであるところ、その起草過程において、同項が、差別禁止を漸進的実現の義務と解されることを防ぐため、同条1項とは別の項に置かれたという経緯等に鑑みれば、同条項は即時実施義務を有するものと解される……特に、本件では在日外国人高齢者・障がい者の年金が問題となっているところ、高齢者・障がい者に年金が支給されることは、これらの者が自由権を享受する前提であるといえ、年金受給権は単なる社会権であるということもできない。したがって、この点からも、漸進的義務ではなく、即時実施義務を有するといえる」とした。

そのうえで「憲法14条違反について検討したのと同様の理由により、旧法下の国籍要件は合理性を欠く差別となっており、国際人権（自由権）規約26条及び国際人権（社会権）規約2条

2項に違反している状態にあった。整備法によって国籍要件が撤廃され、また、新法が制定されたものの、何らの救済措置がとられることがなかったところ、このような状態が国際人権（自由権）規約26条及び国際人権（社会権）規約2条2項に違反していることについては、憲法14条違反について述べたところから明らかである」とした。

### 3）国連の各委員会からも勧告

裁判が進行する間に国連の各委員会からも勧告が幾度となく出ている。[6]

まず、自由権規約委員会日本政府審査に対する総括所見（2008年）では、「委員会は、1982年の国民年金法の国籍要件の撤廃が遡及しない上、20歳から60歳の間に最低25年間年金制度に保険料を払い続けなければならないという要件のために、多くの外国人、主に1952年に日本国籍を失った韓国・朝鮮人が、事実上国民年金の受給資格から除かれてしまったことを、懸念をもって留意する。委員会は、国民年金法から国籍条項が撤廃された時に20歳以上であった、1962年以前に出生した外国人の障害者が、同様に、障害年金の受給資格がないことについても、懸念をもって留意する（第2条1および第26条）。

締約国は、年金制度から外国人が差別的に除外されないために、国民年金法に定められた年齢要件によって影響された外国人に対して、経過措置を講じるべきである。」（パラグラフ30）としているし、2014年総括所見でも、2008年の勧告内容を実施すべきであると再度勧告（パラグラフ5）している。

また、人種差別撤廃委員会日本政府審査に対する総括所見（2014年）でも、「委員会は、国民年金法が国籍にかかわらず日本に住んでいる全ての人々をカバーすることに留意するものの、1982年における国民年金法からの国籍条項の撤廃に基づき、また1986年の改正によって導入された年齢及び住居要件と相まって、1952年に日本国籍を失った韓国人を含む、日本国籍でない者が、国民年金制度の下の年金受給から除外され対象外となったままであるかもしれないことを懸念する。委員会はまた、1982年の国民年金法における障害基礎年金からの国籍条項の撤廃にもかかわらず、国籍条項のために1982年1月1日より前に受給資格を失った日本国籍でない者、及び同日時点で20歳を超えていた障害を持つ他の日本国籍でない者が、障害基礎年金の受け取りから排除されたままであることを懸念する（第5条）。

市民でない者に対する差別に関する一般的勧告30（2004年）を想起し、委員会は、締約国が、年齢要件のために国民年金法から除外され、排除されたままであるかもしれない日本国籍でない者、とりわけ韓国人が、国民年金制度に加入することを認めるための措置をとるよう勧告する。委員会はまた、締約国に対し、現在対象外となっている日本国籍でない者に対し、障害基礎年金の適用を認めるために、法令を改正することを勧告する」としている（パラグラフ14）。

また同様に、2018年の総括所見でも「市民でない者に対する差別に関する一般的勧告30（2004年）に留意し、委員会は、締約国に以下の点を勧告する。

……(c)市民でない者が国民年金制度の対象となるようにすること

(d)市民でない者が障害基礎年金を受給できるよう法令を改正すること……」（パラグラフ34）とし、前回に引き続いて勧告を出している。

本章では、在日朝鮮人高齢者の無年金問題の経緯、福岡での無年金裁判の問題点について整理した。前述したように、日弁連や国際人権諸条約日本国審査では在日朝鮮人高齢者の無年金状況を是正するよう重ねて勧告が出ているにもかかわらず、裁判所は他の無年金裁判と変わらない判断を下している。

社会保障分野での保障は、日本の植民地支配による清算としての側面からも、在日朝鮮人の基本的人権の保障という側面からもよりいっそう要保護性が高いと考えられるが、参政権を持たない在日朝鮮人にとって、その基本的人権が侵害される、または侵害された際に救済することができるのは、司法である裁判所しか残されていないのである。

しかし、本件無年金裁判や前記都庁管理職選考受験資格確認等請求事件で、在日朝鮮人の訴えが退けられたことは、司法の番人である裁判所が在日朝鮮人の歴史的経緯に目を向けず、時の政府に忖度してきた結果であると言わざるを得ず不当であるとしかいいようがない。

このことは、第3章で触れる朝鮮学校を取り巻く一連の裁判においても同様である。朝鮮学校の歴史的経緯やその存在意義、教育内容や教育課程からすれば、教育基本法が定める1条校と同様の保障があって然るべきところ、1条校と同様はおろか、他の外国人学校と比べても不利益な扱いを受けている。朝鮮学校が救済を求めることができる唯一の機関である裁判所においては、そこで学ぶ生徒や教育内容や教育課程をまともに見ることなく、不利益な扱いを続ける政府やこれを支持する組織の言うことばかりに耳を傾け続けている。一刻も早く、裁判所が、日本政府による在日朝鮮人社会や朝鮮学校に対する不当な差別を是正すべく警鐘を鳴らす必要がある。

このような場合に、差別状態を是正する有効な手段として、国際人権規約の個人通報制度の活用が考えられる。ただ、日本は国際人権規約第一選択議定書の未批准国であり、現在のところ日本の管轄下にある被害者個人が自由権規約委員会に通報することができない。しかし、国際的な人権保障の流れの中で、日本だけがいつまでも未批准国でいられるはずがない。EUの全加盟国は選択議定書を批准しており、韓国が選択議定書を批准してからすでに20年が経過する。日本が選択議定書を批准すれば、個人通報制度が日本に適用される。個人通報制度は、①選択議定書の批准国の管轄下にある個人が、②選択議定書適用日以降に、③市民的及び政治的権利に関する国際人権規約上の人権を侵害された場合に、④国内的救済手続を尽くした後に、自由権規約委員会に直接通報できるという制度である。

個人通報制度発足後、世界中から寄せられた個人通報のうち人権侵害が認定されたケースは少なくなく、各ケースについて自由権規約委員会は、各国政府に勧告を行った上で、勧告に従った人権状況の改善がなされたかどうかの調査を続けており、その結果、人権状況の改善効果が現れている。

最高裁判所をはじめとする日本の裁判所が、国際的な人権感覚を身につけ、在日朝鮮人の基本的人権が侵害されることなく擁護され、日本国籍保有者と平等に取り扱われるべく、その責任を果たすことが求められている。

最後に、裁判での原告の陳述を引用したい。

「私は毎日、仏様にお祈りをするときに、どうか、もう3年以内に、お父さんと会いましょうといつもお祈りしております」、「蓄えも残り少なくなりましたし、そしてまた年金もございませんし、早く主人のとこ……　本当に長生きするのが死より、もっと怖うございます」

前述したように、無年金問題のみならず、在日朝鮮人に対する未解決の社会保障問題は存在する。一方、植民地時代を経験した1世の高齢者の数は年々少なくなっており、その方々が生存する間にこの問題が解決されることが強く望まれる。これからもこの問題の解決に真摯に取り組んでいく決意を新たにしたい。

（金敏寛）

【注】

1）在日朝鮮人の人権を守る会『在日朝鮮人の基本的人権』（二月社、1977年）402頁

2）施行日においてこの法律による改正後の国民年金法7条の規定に該当している者（日本国民である者を除く）についてのこの法律による改正後の同法8条の規定の適用については、同条中「20歳に達した日又は日本国内に住所を有するに至った日」とあるのは、「難民の地位に関する条約等への加入に伴う出入国管理令その他関係法律の整備に関する法律の施行の日」とする。

3）この法律による改正前の国民年金法による福祉年金が支給されず、または当該福祉年金の受給権が消滅する事由であって、施行日前に生じたものに基づく同法による福祉年金の不支給または失権については、なお従前の例による。

4）旧国民年金法による年金たる給付（前条の規定によりなおその効力を有するものとされた旧国民年金法による年金たる給付を含み、母子福祉年金および準母子福祉年金を除く）については、次項から11項までおよび13項並びに附則11条、附則25条3項、前条、附則33条1項および附則35条4項の規定を適用する場合を除き、なお従前の例による。

5）日弁連は、1996年2月27日、在日朝鮮人高齢者および障がい者からの申立を受け、内閣総理大臣および厚生大臣に対し、次のとおりの要望を行っている。

「在日朝鮮人高齢者（1926年4月1日以前に出生した者）及び在日朝鮮人障がい者（1982年1月1日時点で障がいのあった20歳以上の者）が国民年金に加入できず、老齢福祉年金・障がい基礎年金の支給対象とならなかったことは、国際人権規約に反し、憲法にも抵触するおそれがある。よって、前記の者にも前記の年金が支給されるようにするため、政府において、整備法附則5項及び新法附則25条1項、32条1項等の改正等を実施されるよう要望する」

6）以下の、人権諸条約の総括所見日本語訳は外務省のホームページを参照した。

# 第３章　民族教育を守る闘い
## ――高校「無償化」からの排除と補助金打ち切り

在日朝鮮人が植民地解放から75年経った今も日本において朝鮮人としての自覚と誇りを持って生きているのは、ひとえに民族教育（朝鮮学校）があったからである。その民族教育が、いま、日本の公権力により危機的状況に追いやられている。高校「無償化」からの排除と補助金の打ちきりである。

多くの在日朝鮮人は、これらの措置が単なる財政（お金）の問題でなく民族教育の存在・朝鮮人として生きることの否定と捉え、民族教育ひいては自己の存亡をかけ闘っている。我々も、法律家としての役割を果たすべく、法を武器に司法の場で公権力と対峙してきた。

本章では、朝鮮高校がいかにして無償化から排除され、在日朝鮮人はそれに対し、どのように立ち向かっていったのか、また、無償化排除と時を同じくして起こった補助金打ち切り問題とは何なのか、その本質はどこにあるのかについて、法廷闘争を繰り広げてきた弁護士の視点で論じる。

# 1．高校「無償化」問題

## 1）朝鮮高校の排除はいかになされたか

### (1)無償化法と外国人学校生徒への国費支給の意義

２０１０年４月１日、民主党・社会民主党・国民新党の連立政権の下で、「公立高等学校に係る授業料の不徴収及び高等学校等就学支援金の支給に関する法律」（以下「無償化法」）が施行された。無償化法の目的は、高校進学率が98％を超えた社会において、「高等学校等における教育に係る経済的負担の軽減を図り、もって教育の機会均等に寄与すること」とされた（第１条）。具体的な中身は、①公立高校の授業料を無償とし、②私立高等学校等の生徒に対しては、高等学校等就学支援金（以下「就学支援金」）として授業料の内の一定額（年額11万８８００円）を支給するというものであった。就学支援金の受給権者はあくまで生徒個人であるが、事務の簡便化や授業料以外への流用を防ぐため、学校が代理受領し、授業料の一部と相殺する仕組みがとられている。

就学支援金の対象となる「私立高等学校等」には、私立高校などとともに、「高等学校の課程に類する課程を置くもの」として文科省令で定める各種学校も含まれると規定された。これは、学習指導要領に従った日本語による教育ではなく、独自の母国語教育等を行っているがために、学校教育法の仕組み上、私立高等学校としての認可が得られない外国人学校を対象とする規定であった。無償化法施行規則（以下「省令」）1条1項2号では、「我が国に居住する外国人を専ら対象とする」各種学校が就学支援金の対象と明示され、外国人学校であっても、高校相当の普通教育を行う学校の生徒には、日本の高校生と等しく就学支援をなすという法の理念が明らかにされたのである。

学校種別上、各種学校の認可しか受けられない外国人学校は、私学経常費補助の対象とならない。そのため、授業料収入と寄付に依存する外国人学校の運営には経済的困難がつきまとう。リーマンショック後、日系人労働者の首切りが断行される中、多くのブラジル学校が生徒数の減少や閉鎖を余儀なくされたことは記憶に新しい。

無償化法は、教育の機会均等の見地から、外国人学校に通う子どもに対しても、私立高校の生徒と同様に就学支援金を支給することとしたものであり、初めて外国人学校の生徒に対して日本政府が教育支援を行う制度であった。社会権規約13条1項、子どもの権利条約28条が求める教育機会の平等と多民族・多文化教育を実現するものであって、画期的な政策であったといえる。

### ⑵朝鮮学校の位置づけ

無償化法2条および省令1条1項2号では、外国人学校のうち、以下のイ、ロ、ハに該当する学校を文科大臣が指定し、指定を受けた学校の生徒が就学支援金を受給するとされている。

イ　高等学校に対応する外国の学校の課程と同等の課程を有するものとして当該外国の学校教育制度において位置づけられたもの

ロ　イに掲げるもののほか、その教育活動等について、文科大臣が指定する団体（国際的に実績のある学校評価機関を指す。実際にはすべて欧米系の機関である）の認定を受けたもの

ハ　イ及びロに掲げるもののほか、文科大臣が定めるところにより、高等学校の課程に類する課程を置くものと認められるもの

前記のイに当てはまるのは、韓国学校、ブラジル学校などで外国政府にその国の高校相当の学校として認可された学校であり、ロに当てはまるのは、欧米系の学校評価機関の認定を受けたインターナショナルスクールである。

そして、最後のハは、イ、ロには当てはまらないが、高校相当の教育を行うものとして、個別に文科大臣が指定する学校とされた。朝鮮とは国交がなく、朝鮮学校についてはイの確認ができないとして、全国に10校あった朝鮮高級学校（以下「朝鮮高校」）は、省令1条1項2号ハ（以下「省令ハ」）によって指定を受けるものとされた。なお、朝鮮高校と同じく国交のない台

湾系の中華学校は、日本台湾交流協会を通じた照会により、イの枠組みで対象とされている。

### (3)朝鮮高校除外の経緯

#### ①民主党政権における除外論

無償化法施行前に文科省が提出した２０１０年度予算の概算要求では、無償化予算として、外国人学校生徒分を含む４５０１億円が計上され、朝鮮高校の生徒に対する就学支援金も計上されていた。

しかし、２０１０年2月21日、中井洽拉致問題担当大臣が川端達夫文科大臣に対し、日本人拉致問題等を理由として朝鮮学校を除外することを要請していたことが判明する。これに対して、拉致問題に責任のない朝鮮高校の生徒の除外は、差別に当たるとする反対論が巻き起こり、同月23日、川端文科大臣は、無償化の適用において外交は考慮しない旨言明した。

だが同月25日には、鳩山由紀夫内閣総理大臣が、朝鮮とは国交がなく、朝鮮高校における指導内容が見えないとして、無償化からの除外を示唆する発言をした。この日、前日の24日に、スイス・ジュネーブで開催されていた国連人種差別撤廃委員会において、複数の委員が無償化からの朝鮮高校除外の動きに対して懸念を表明したことが新聞各紙によって報道された。すると、翌26日、鳩山内閣総理大臣は、一転して、まだ結論は出ていないと前日の発言内容を修正した。

そして、3月中旬には「客観的に高校の課程に類すると言えるか、客観的な基準を作ることが必要」であるとして、4月の制度開始時点では朝鮮高校の生徒を対象外としつつ、文科省に第三者による評価組織を設置し、教育内容を精査した上で最終判断をするとの政府方針が示された。

3月31日、無償化法が成立し、4月1日に施行される。そして、同月30日、省令イ、ロの規定に基づき、文科省告示により、朝鮮高校以外の31校の外国人学校について指定が行われた。

### ②「高等学校等就学支援金の支給に関する検討会議」報告

2010年5月26日、「高等学校等就学支援金の支給に関する検討会議」(以下「検討会議」)が設置され、朝鮮高校の現地調査によって授業風景や施設設備が確認され、朝鮮現代史などの教科書の日本語訳により教科内容も確認された。

その上で、2010年8月31日、検討会議は「高等学校の課程に類する課程を置く外国人学校の指定に関する基準」を発表する(以下「検討会議報告」)。検討会議報告には「外国人学校の指定については、外交上の配慮などにより判断すべきものではなく、教育上の観点から客観的に判断すべきものである」とする政府統一見解が明記された。具体的な指定の基準としては、すでに就学支援金の対象とされている専修学校高等課程に求められる水準を基本として、高等学校に求められる教育活動の水準も求めるものとして、①3年間の修業年限と体育等を含む高度な普通教育としてふさわしい授業科目の開設、②専門教育を受けた教員が一定数いること、③必要な校地、校舎、設備を備えていることなどの制度的、客観的な基準として策定すべきであるとした。そして、問題となっていた朝鮮高校の教育内容については、イ・ロの外国人学校との均衡から、個別具体的な教育内容については基準としないことが明らかにされた。さらに、審査の公正を担保するため、指定に先だって文科大臣が、教育制度の専門家等、第三者の意見を聴取することを求めた。

民主党政策調査会も検討会議報告を概ね了承しており、これを受けた民主党広報委員会は、朝鮮学校の教育内容への介入が私立学校法上困難であるとの見解を公表した。

**③審査基準――規程の決定**

2010年11月5日、高木義明文科大臣は、検討会議報告に基づき、朝鮮高校生への「無償化」の適用基準となる「公立高等学校に係る授業料の不徴収及び高等学校等就学支援金の支給に関する法律施行規則1条1項2号ハの規定に基づく指定に関する規程」（以下「規程」）を決定した。2010年度の指定を受けるためには、11月30日までに各朝鮮学園が申請すべきであるとされたため、期限までにすべての朝鮮高校が文科大臣の指定を求める申請を行った。

当時、国会では、自民党の義家弘介議員（自民党シャドウキャビネット文科副大臣を経て、第2次安倍晋三内閣では文科大臣政務官）が、「就学支援金を朝鮮高校にも支給できるようになるという判断基準が示された」としながら、朝鮮高校の教育内容を批判し、総聯と一体化している朝鮮高校を対象とすべきでないと迫ったが、高木文科大臣は、私学の自主性の見地から朝鮮高校のみ教育内容を問題視することはできない、朝鮮高校は所轄庁の監督の下、適正に運営されていると答弁していた。

**④朝鮮半島における軍事衝突事件と指定審査の停止**

しかし、２０１０年11月23日、韓国・延坪島で朝鮮と韓国の軍事衝突事件が勃発すると、翌24日、菅直人内閣総理大臣は、高木文科大臣に対して、朝鮮高校に対する審査の停止を指示し、審査を止めてしまう。

これに対して、２０１１年1月17日に、学校法人東京朝鮮学園が異議申立てを行ったが、高木文科大臣の回答は、「北朝鮮による砲撃が、我が国を含む北東アジア地域全体の平和と安全を損なうものであり、政府を挙げて情報収集に努めるとともに、不測の事態に備え万全の態勢を整えていく必要があることに鑑み、当該指定手続を一旦停止しているもの」というもので、審査は再開されなかった。結局、２０１１年8月29日に、朝鮮半島情勢は軍事衝突事件以前の状態に復したという理由で、手続きが再開されるまで（翌30日に菅内閣は総辞職）、９ヶ月以上もの間審査手続きが停止されたのである。

### ⑤朝鮮高校に対する審査の特異性

審査再開指示を受け、2011年9月、高等学校等就学支援金の支給に関する審査会（以下「審査会」）の下、朝鮮高校に対する審査が始まった。2012年3月には、すべての朝鮮高校が規程の客観的要件を満たしていることが確認されたが、指定の是非に関する結論が出されないまま、政権交代によって審査会の審査は打ち切られることとなる。朝鮮高校と同じ省令ハに基づき指定を申請していたコリア国際学園は約3ヶ月の審査によって指定されたのにもかかわらず、朝鮮高校の審査が長期化したのはなぜか。

文科省は、産経新聞に朝鮮学校の教育内容や運営を問題視する記事が掲載されるたびに、「社会への説明責任を果たすため」として、本来指定の基準とならない朝鮮高校の教育内容や、教育活動にわたる内容を学校側に確認していた。確認事項は、朝鮮の人工衛星／ミサイル発射、「竹島／独島」の領土問題、主体思想について学校側の見解を尋ねるなど多岐にわたり、政権交代直前の2012年10月に至っても、金正日総書記の肖像画の購入の有無について確認を続けており、審査が終わらない状況とされていたのである。

### ⑥審査再開後の自民党の動き

自民党は、朝鮮高校の審査再開に対し、2011年8月31日、「北朝鮮」の外交政策・拉致問題の解決に対して誤ったメッセージを送るものであるとして、直ちに撤回するよう求める決議を行った。

また、下村博文議員（当時の自民党のシャドウキャビネットの文科大臣であり、政権交代後の文科大臣）は翌月、無償化についてのインタビューの中で、朝鮮高校に対する審査再開は、「北朝鮮」の拉致問題について我が国が軟化したとの誤ったメッセージとなるばかりか、外交問題に発展しかねないなどと発言した。

義家議員も、同年11月12日のテレビ番組で、①現行の無償化法および省令では朝鮮高校が無償化法の対象となること、②朝鮮高校を無償化法の適用対象とするかは拉致問題を含む国家間の問題であること、③朝鮮高校に対する省令ハに基づく指定を阻止するためには省令ハを法律に格上げして省令ハを削除するという方法があり、そのような内容の議員立法を準備していると明かしている。そして、実際に同月16日、省令イロハのうちイおよびロのみを法律に規定した上、ハのみを削除するという内容の無償化法改正法案を参議院に提出した。

このように、自民党は、朝鮮高校を外交問題と結びつけて無償化からの除外を一貫して主張していた。

**⑦第2次安倍晋三内閣における省令ハの削除**

２０１２年12月26日、安倍晋三内閣総理大臣のもと、自公連立政権が発足し、下村議員が文科大臣に就任した。

下村文科大臣は、2012年12月28日の閣僚懇談会後の記者会見で、「私から、朝鮮学校については拉致問題の進展がないこと、総聯と密接な関係にあり、教育内容、人事、財政にその影響が及んでいること等から、現時点での指定には国民の理解が得られず、不指定の方向で手続きを進めたい旨を提案したところ、総理からもその方向でしっかり進めていただきたい旨の御指示がございました」と述べ、拉致問題などの外交上の理由で、野党時代の自民党が議員立法で提出した法案をベースに、朝鮮高校が指定される根拠となる省令ハを削除することにより、朝鮮高校の生徒を就学支援金の対象から除外することを決定した。この日省令ハ削除に関するパブリックコメントが開始され、2013年2月20日、省令ハは削除された。これによって、朝鮮高校生が、就学支援金を受給する途は閉ざされた。文科省初等中等教育局担当の大臣官房審議官として無償化制度の設計から関与していた前川喜平元文科省事務次官は、このような政府のやり口に対し「いくら何でも乱暴だと思った。これでは『門前払い』とも言えない。門が開いていて入ってきた人を押し出して門を閉めちゃったんだから」（2017年8月14日東京新聞）と評している。

**⑧下村文科大臣による不指定処分**

2013年2月20日、下村文科大臣は、省令ハの削除を内容とする省令改正を公布し、各朝鮮高校に対して省令ハによる指定をしない旨の不指定処分を行った（以下「不指定処分」）。不指定処分の通知書には、処分の理由として「省令ハを削除したこと」および「(朝鮮高校は)規程13条に適合すると認めるに至らなかったこと」が併記されていた。規程13条は、「前条に規定するもののほか、指定教育施設は、高等学校等就学支援金の授業料に係る債権の弁済への確実な充当など法令に基づく学校の運営を適正に行わなければならない」と定めている。所轄庁である都道府県知事から法令違反に基づく行政処分を受けた朝鮮高校はなく、不指定処分を受けた段階では、朝鮮高校がなぜ「適正な学校運営」を求める規程13条に適合しないのか、まったく不明であった。

**⑨裁判闘争へ**

このようにして朝鮮高校の生徒らは、「拉致問題の進展がない」という日本で生まれ育った生徒らには何ら責任がない理由によって、高校生として学んでいるにも関わらず、無償化の対象から確定的に除外されてしまった。省令ハの削除による除外が可能となった背景に、民主党政権の下での審査停止や、本来指定の要件ではない教育内容等の審査により審査が遅々として進まず、政権交代となった事実があることも見逃してはならない。朝鮮高校の生徒らは、民主党、自民党の両政権を通じて、学びの権利を軽んじられ、一貫して他の高校生とは異なる不平等な扱いを受け続けた。

このような事態を受け、愛知、広島、福岡および東京の朝鮮高校の生徒ら、ならびに学校法人大阪朝鮮学園、広島朝鮮学園が裁判闘争に踏み切り、2013年1月から2014年2月にかけて、無償化除外は憲法14条違反、無償化法違反に当たることなどを理由とする裁判（生徒らについては国家賠償請求、学校法人については不指定処分の取消請求等）が提起された。

これらの裁判において日本政府は、朝鮮高校に朝鮮と総聯による不当な支配が疑われるので、就学支援金の流用のおそれがあり、適正な学校運営を行っていると認められなかったとの主張を全面展開し、省令ハ削除が違法であるか否かにかかわらず、どのみち朝鮮学校は指定を受けられなかったとして、不指定処分の正当化を図った。このような日本政府の主張に裁判所はどのように応えたか、裁判の過程でどのような事実が明らかになったのか――大阪、愛知、東京の闘いから振り返ってみたい。

（裵明玉）

## 2）大阪訴訟――歴史的勝利判決の意義

### (1)大阪地裁での闘い

#### ①大阪訴訟の特色

朝鮮高校が無償化制度から排除されていることについて、学校法人大阪朝鮮学園は、2013年1月24日、日本政府を相手取って訴訟を提起した。

大阪訴訟は、朝鮮高校の生徒や卒業生ではなく、学校法人大阪朝鮮学園（以下「学園」）が原告となり、行政訴訟という形式での訴訟を行った。

提訴した2013年1月24日時点では、文科大臣による指定処分がなされていなかったため、大阪地裁に対し、①文科大臣が学園の申請に対し何らの対応をとらないことが違法であることの確認、および②文科大臣に対し省令ハに基づく指定をすることの義務付けを求める訴えを提起した（その後、同年2月20日になって文科大臣が不指定処分を行ったため、同年3月11日に、①の違法確認の訴えを不指定処分の取消しの訴えに変更している）。

細かな論点は各地の訴訟ごとにあるものの、大きな争点は2つである。1つは省令ハの削除の違法性、もう1つは朝鮮高校の規程13条適合性である。

**②大阪地裁での訴訟活動**

弁護団は、裁判所に朝鮮高校のことをよく知ってもらおうと、民族教育の歴史や現状についての書面を提出したり、また、朝鮮高校の日常風景を撮影したDVDの上映を行うなど様々な訴訟活動を行った。その他にも、生徒、保護者、卒業生、支援者、教員など、朝鮮高校関係者の声を裁判所に届けるべく、陳述書を作成し、尋問も行った。弁護団は「子どもたちの顔を思い浮かべながら判決を書いてほしい」という一心で、裁判所に主張し続けた。

大阪地裁で行われた証人尋問のうち、ここでは、大阪朝鮮高級学校の元教員の尋問内容の一部を紹介したい。元教員の尋問は、全ての朝鮮高校関係者の気持ちを代弁するものであったように思う。

（以下）

——では次に、無償化法の適用に関する経緯について幾つかお尋ねします。2010年4月に無償化制度ができるという報道に接して、あなたは、当時教員として心境はいかがでしたでしょうか。

当時、全ての子どもたちに平等な教育の権利をというようなお話だったと思うんですけど、やはり今まで、全ての子どもたちという文言からこの子たちがいつも外されてきていたので、そういう意味で、ようやくこの全ての子どもというところに私の教えてきた子どもたちが含まれるんだというのがすごく嬉しかったですし、私にとっても母校ですし、大事な学校なので、その学校がようやく学校として認められるんじゃないかなとすごく期待もしましたし、もう1つは、やはりすごく財政面、大変なので、これで少しでも財政が楽になれば通えなかった子どもたちが通えるんじゃないかなと思いました。

（略）

——そのほかに思ったことはありますか。

先ほども言いましたように、やっぱりお金の問題というよりは、この法律によって本当に平等な機会、子どもたちに、あなたたちもようやく同じラインに立ててると言ったらなんですけども、常にそうやって当然のように外されてきたものから、このやっぱり含まれるということが、多分本当に想像している以上に、朝鮮学校出身者や朝鮮学校の子どもたちにとってはすごく精神的に大きかったと思います。

——その後、朝鮮高校が無償化制度の対象にならない方向で動いているといった趣旨の報道がありましたけれども、その当時の心境はいかがでしたでしょうか。

期待が大きかっただけに、その報道が出たときに、本当にこんなことがあるんだというくらい、表現できないくらいに、寂しいし悲しいし、怒りもあるし、がっかりするし。でもその一方で、結局こうなるんだろうか、やっぱりそうかというふうな気持ちがなかったかといったら、それはありました。

——当時の生徒たちは、その状況について学校で話したりなんかはしていたんでしょうか。

その時期はその話がずっと毎日のように報道もされましたし、学校でも子どもたちが、やっぱりすごい期待があったので、今回どうなるんだろうみたいな話を毎日していた時期だったので、その報道が出たときやっぱり子どもたちもものすごく衝撃が大きくて、毎日その話をしていたんですね。

——生徒から、教員であるあなたに、無償化法がなかなか適用されないということについて質問はありましたか。

はい、ありました。

――その質問に、あなたはどう答えていたんですか。

子どもたちは子どもたちなりに、なぜだめなんだろうという。結局、最初の時点で含まれるだろうと言われて、きっと全ての条件を満たしているから絶対にこれは覆らないんだろうというふうに子どもたちがものすごく安心して喜んでいたんです。それが突然ぱっと覆るかもしれないといったときに、子どもたちなりに一生懸命勉強して法律を学んで、ニュースも全部見て、新聞を読んでも、納得のいく答えが１つもなかった、結局。子どもたちが何でなんですか、納得いく答えが１つもないと言ってきたときに、こうだから仕方ないんだよという答えが私の中にもなかったんです。なので子どもたちに、そうだからこういう答えではなくて、その質問に対しても、今現状はこうだけど、これからのことを一緒に考えよう、答えをあげるじゃなくて、そんなふうにしかできなかった。

――審査期間中、生徒たちに何か影響はあったと思いますか。

審査期間中は、教育内容が不透明だということでものすごくたくさんの方が授業参観に来られるんですけれども、そのときに、やはり突然授業中に突然ぱっと後ろのほうから入ってきて、子どもたちが授業を受けている姿をずっと写真撮ったり、動画撮ったりするんですけど、やっぱり子どもたちからすると、自分の顔が撮られてたりとか、自分の横にすごい厳しい顔をした大人がずっと横に立ってて自分の書いている文字を一言一句逃さず見ていたりとか、自分の鞄についているキーホルダーとか後ろに書いている自分たちの誕生日の壁新聞だとか、そういうもの1つ1つまで全て写真におさめて撮って帰って、好意的ではない授業参観と言ったらあれですけれども、そういうふうな厳しい顔をされた大人がたくさん入ってくる中での授業を何日も何日もしなくちゃいけないというのは、子どもたちが集中できるはずもないですし、やっぱり子どもたちからしても、何でこういうことになっているんだろうとすごく思ったと思います。

――そのほかに生徒たちに何か影響あったでしょうか。

その授業参観以外にも、結局この問題があってからずっと子どもたちは、署名活動もしてきましたし、自分たちで街頭に立ってビラを配ったりとかもしてました。結局それをする時間って、本当は子どもたちが自分のために使う時間、授業、勉強する時間でありますし、受験生なので、子どもたちも自分のための勉強に費やさなくてはいけない時間を1時間2時間、真冬の寒空の中でビラを配り続けたりもしました。部活動で一番忙しい全国大会の直前だったのに、そういう時間もビラを配ってということをしていたんです。時間の犠牲もそうですし、そこに立つことによって、子どもたちが結局ビラを配った大人から暴言を吐かれたり、そういうこともたくさんあったので、ものすごく大きな精神的な被害はあったと思います。

――最終的に無償化の対象校に指定されなかったということによって、生徒たちにどのような影響があったでしょうか。

子どもたちの中に本当に大きな心の傷と、本当に大きな疑問符が残っていると思います。さっきも言いましたけれども、もらって当たり前、絶対もらえると思っていたもののために、子どもたちは何でそうなっているかもわからないまんまに街頭に立って一生懸命自分の権利を訴えたのに、その納得いく理由がないまま、なぜかわからないけれども除外された。あなたたちは全ての子どもの文言からは外れます、あなたたちの学校は全ての学校の中からも外れますということを突きつけられたときに、本当に一生懸命やって正当だと信じたものが結局伝わらないんだということで、ものすごく大きな傷を17歳18歳の子が受けたと思いますし、結局今になっても、恐らくそのときに無償化問題をずっと闘ってきた子どもたちは、未だにそれが疑問符として残るんです。なぜか。納得いく答えが何１つないからです、子どもたちの中に。そこに子どもたちが仕方なかったんだと思えたら、子どもたちはそこまで傷つかないかもしれないんですけれども、何か分からない、疑問符が残ったまんまそのときの子どもたちが今大学生になり、大学卒業して社会人になっても、結局それが解決されないということで、そのようなものがものすごく大きく残っていると思う。

――教員であったあなた自身にとっては、朝鮮高校が無償化の対象から除外されたことは何らかの影響はありましたか。

はい。除外されるかもしれないというときに、やはりその不透明であるということから、いろんな資料作りだったり、いろんなものでものすごく業務的にも圧迫がありましたし。

やはり子どもたちと同じように私も朝鮮学校出身者ですし、自分の学校をものすごく大切に思ってきた身として、やはりそれがうまくいかない、自分たちの学校は本当に学校としてやってきただけなのに、それがなぜ認められないんだろう、そもそも自分自身がすごく否定されたような気にもなりましたし、すごく大きな精神的被害があったと思います。

――最後に言いたいことがあればおっしゃってください。

学校にいたとき4年間ですけど、ここまで6年間ですか、ずっと無償化という問題があってから、いろんな法律のこととかもそれなりに勉強しましたけど、やっぱりわからないんですけど、やっぱり教員をしてた身として思うのは、本当に全ての子どもは等しく愛されるべきだって、等しく権利を持っていると思うんです。でもこの子たちの場合は、それが国籍とはそんなものでもなくて、ただただ通っている学校の名前1つのために、この日本、何千万って子どもの中から自分たちだけ何で子どもとして認められないんだろう。ただただ学校に通って朝鮮の文化や言葉を習って同じ出自の友達を持ちたいだけなのに、なぜ自分たちはそれが叶わないんだろうって、ものすごく傷ついてきたんです。私はそれを見たときに、これがもしほかの国で全く同じ条件の中で全く同じことが日本の子どもたちに起きたときに、どういうふうなことを思うんだろうって、他の方は。これが朝鮮って名前のつくものだから、朝鮮学校だから仕方ないよねって私たちはずっと言われてきました。でも、全く同じことがほかの外国で日本学校の子どもたちに起きたときに、じゃあこの判決、この今まで闘ってきたこの論理でどのように皆さんお考えになるのかなってすごく思います。同じ大人として私は、どんな国で、どこの国のどんな国籍の子どもがそういう状況に立っても、これが朝鮮学校のためだから闘うんじゃなくて、全ての子どもがその状況にあったならば、私はその子どもたちのために闘いたいと思いますし、私が教えた子どもたちはきっとそのときに、自分たちと同じ思いをさせたくないと思って、きっと同じように闘うと思うんですね。そういうところを問いたいですし、私は自分が教えてきた子どももそうですし全ての子どもたちに対して、これ以上、闘いなさいっていう言葉を使いたくないんです。これ以上、仕方ないから諦めなさいとも言いたくないですし、大人たちが大人の論理で、子どもたちがどうすることもできないことで子どもたちを傷つけるということが絶対にあってはならないと思うんです。難しいことはわかんないですけど、とてもシンプルに大切なことなんじゃないかなって思うんですね。朝鮮学校という場所が、ただの語学スクールでもないですし、私たちにとって、本当に自分に友達をくれて、言葉をくれて、本当に自分が信じるべきもの、いろんな誇りのものをくれた本当に大切な場所なんです。それを本当に国だとか、本当に私たちがどうすることもできないもので、いろんなふうに判断されてしまうというのがものすごく悲しいと思っています。なので、本当にもう一度この裁判を通して、傷ついたのが子どもであるということ、17歳18歳の本当に自分のことだけ考えていればいいような子どもたちが、この問題によってずっと6年間、ずっと卒業したとしても、その傷、決して癒えていないということ、きっと恐らくこれからも、あんなことがあったんだってずっと思わなくてはいけないということ、それだけを忘れないでいてほしいと思っています。

**③大阪地裁判決の内容**

**ⓘ省令ハ削除の違法性**

大阪地裁第2民事部（西田隆裕裁判長）は、2017年7月28日判決を言い渡した。判決で裁判所は文科大臣が行った省令ハの削除に関連して、次のように事実認定を行った。

ア　下村議員は、拉致問題の解決のために朝鮮に経済制裁を行っている中で朝鮮高校を無償化の対象とすれば、拉致問題について日本が軟化したとの誤ったメッセージとなることなどを理由として、朝鮮高校を無償化の対象とすることに反対する立場であった。規程の基準に基づき審査した場合には、朝鮮高校は無償化法の適用対象となってしまうと考えていた。

イ　義家議員は、朝鮮高校を無償化の対象とするかは拉致問題を含む国家間の問題であるなどとして省令ハを削除する改正法案を提出した。

ウ　その後安倍内閣の下で文科大臣に就任した下村議員は、拉致問題の進展がないことや、朝鮮高校が総聯と密接な関係にあり教育内容、人事及び財政に影響が及んでいること等から朝鮮高校に無償化を適用することは国民の理解が得られないとして省令ハを削除した。

エ　安倍内閣発足後、下村文科大臣は、「各種学校が高等学校の課程に類する課程を置くものか否かは外交上の配慮により判断しない」とする民主党政権時の政府統一見解を廃止した。

そして、文科大臣が行った省令ハの削除について次のとおり断罪した。

「下村文科大臣は、後期中等教育段階の教育の機会均等の確保とは無関係な外交的、政治的判断に基づいて本件省令を制定して本件規定を削除したものというべきであるから、下村文科大臣が本件省令を制定して本件規定を削除したことは同号による委任の趣旨を逸脱するものとして違法、無効と解すべきである」

以上の論理からわかるとおり、大阪地裁第２民事部は、無償化法の趣旨に基づき、極めてシンプルな判断をしたのである。無償化法の趣旨は繰り返し述べられているとおり、「教育の機会均等」である。省令ハの削除の経緯を見ると、「全ての意志ある子どもたちが経済的に苦労せず勉学に励めるように」と制定された法の趣旨とは関係のない、極めて外交的・政治的な判断に基づいてなされていることがわかる。無償化法は、そのような外交的・政治的な判断に基づき対象から除外する権限を大臣には委任していないということである。あくまでも法の趣旨である「教育の機会均等」に資するか否かという観点から判断すべきであるという、非常にシンプルでわかりやすい論理で判断をした。

省令ハ削除の違法性について、大阪地裁は、真正面から判断をしたのである。

ⅱ規程13条適合性

省令ハの削除が違法・無効となったため、大阪地裁は、次に、省令ハがあることを前提に、大阪朝鮮高校が規程13条に適合し、無償化法の適用を受けることができるのかという論点の検討を行った。

まず、裁判所は、①学園では、私立学校法に基づき、財産目録、財務諸表等が作成され理事会等も開催されていたこと、②大阪府知事が3年に1度を基本として学園に立入検査等を実施しているが、大阪朝鮮高校について法令違反を理由とする行政処分等が行われていないことの事実をあげ、これらの事実に鑑みると、「規程13条適合性に疑念を生じさせる特段の事情がない限り、同条適合性が認められるというべきである」との判断を示した。

勝利判決を知らせる弁護団メンバー（大阪地裁前、2017年7月28日）

その「特段の事情」の中身は、学園に支払われる就学支援金が生徒らの授業料に充てられないのではないかという疑念や、総聯から教育基本法16条1項の「不当な支配」を受けているとの疑念を生じさせるというものであるが、その判断において、総聯と朝鮮高校との関係性について以下のような判断を示した。

「朝鮮総聯は、第二次世界大戦後の我が国における在日朝鮮人の自主的民族教育が様々な困難に遭遇する中、在日朝鮮人の民族教育の実施を目的の1つとして結成され、朝鮮学校の建設や学校認可手続などを進めてきたのであり、朝鮮学校は、朝鮮総聯の協力の下、自主的民族教育施設として発展してきたということができるのであって、このような歴史的事情等に照らせば、朝鮮総聯が朝鮮学校の教育活動又は学校運営に何らかの関わりを有するとしても、両者の関係が我が国における在日朝鮮人の民族教育の維持発展を目的とした協力関係である可能性は否定できず、両者の関係が適正を欠くものと直ちに推認することはできない。また、朝鮮高級学校は、在日朝鮮人子女に対し朝鮮人としての民族教育を行うことを目的の1つとする外国人学校であるところ、母国語と、母国の歴史及び文化についての教育は、民族教育にとって重要な意義を有し、民族的自覚及び民族的自尊心を醸成する上で基本的な教育というべきである。そうすると、朝鮮高級学校が朝鮮語による授業を行い、北朝鮮の視座から歴史的・社会的・地理的事象を教えるとともに北朝鮮を建国し現在まで統治してきた北朝鮮の指導者や北朝鮮の国家理念を肯定的に評価することも、朝鮮高級学校の上記教育目的それ自体には沿うものということができ、朝鮮高級学校が北朝鮮や朝鮮総聯からの不当な支配により、自主性を失い、上記のような教育を余儀なくされているとは直ちに認め難い」

朝鮮高校が総聯から「不当な支配」を受けている関係になく、規程13条適合性に疑念を生じさせる特段の事情はないと判断したのである。

前記のとおり、大阪地裁判決は、特に省令ハ削除については非常にシンプルな論理であり、当然の判決だと言えよう。しかし、同年（２０１７年）1月26日には大阪補助金裁判第1審の敗訴判決があり、同年7月19日には無償化訴訟広島地裁の敗訴判決が続いていただけに、筆者自身、司法への不信が募っており、大阪地裁第2民事部が、朝鮮高校で学ぶ子どもたちの顔を思い浮かべながら判決を書いてくれるのだろうか、行政に何らの忖度もせず、法の番人としての職責を果たしてくれるのだろうかと不安があったことは確かである。

今回の大阪地裁判決は、朝鮮学校に通う子どもたちだけでなく、在日朝鮮人たちの大きな力となり、希望を与えてくれた。またそれだけでなく、原告勝訴率が極めて低いと言われている日本政府を相手取った訴訟において、勝訴を獲得できたという意味においても極めて重要な判決となった。この訴訟に誠実に向き合ってくれた裁判官たちに改めて敬意を表したいと思う。

## (2)大阪高裁での逆転全面敗訴

ところが、この歴史的な大阪地裁判決は、大阪高裁第13民事部（高橋譲裁判長）で真逆の判断がなされ、逆転全面敗訴となってしまった。

大阪高裁第13民事部は、「大阪朝鮮高級学校は、朝鮮総聯から、教育の目的を達するための必要性、合理性の限度を超えて介入を受け、教育の自主性をゆがめるような支配を受けている合理的な疑いがあるというべきである」とし、また、「朝鮮学校において就学支援金の管理が適正に行われないことを疑わせるに足りる相当な根拠があった」とも述べ、下村文科大臣が、「大阪朝鮮高級学校が規程13条に適合すると認めるに至らなかった」という理由に基づき行った不指定処分は、不合理とはいえないと判断したのである。

そして、省令ハ削除については、「基本的には、本件規定該当性がないものと判断された結果であるから、本件規定の削除が（略）違法であるか否かは、（略）上記の判断を左右するものではない」とし、省令ハが削除されたことについて正面からその違法性を判断しなかった。

このとおり、大阪高裁の判決は、地裁判決とは全く異なり、朝鮮高校に通う生徒たちの「教育の機会均等」、「民族教育を受ける権利」という視点や、無償化法の理念が完全に抜け落ちた内容であった。また、国連からの日本政府への勧告も一切顧みないものであった。

大阪地裁の判決内容を全て否定し、日本政府の主張をそのまま取り入れた「朝鮮高校は排除する」という結論ありきの判決に、法廷では傍聴席から、裁判官らに対し「恥ずかしくないんか！」とたくさんの怒号が飛び、騒然となった。弁護団も皆、代理人席で立つことさえできず、愕然とするほかなかった。

### (3)最高裁の判断

大阪高裁判決の後、弁護団は、最高裁で勝訴すべく、渾身の思いで、90頁を超える上告理由書および130頁近くにわたる上告受理申立理由書を作成し提出した。

しかし、最高裁第3小法廷は、2019年8月27日、学園の上告を棄却し、上告受理申立てを受理しないという決定を行った。その決定書には、「明らかに上告理由に該当しない」、「受理すべきものとは認められない」と記載があるのみで、上告棄却となった理由や上告受理申立てを受理しない具体的な理由は一切記載されておらず、学園や朝鮮高校に通う生徒、保護者たちが到底納得できるものではなかった。しかも、2019年8月27日時点において、未だ、広島、愛知、福岡では控訴審が係属しており、その判断が出ていない段階で最高裁がこのような決定を出すということは、係属している各地域の訴訟を指揮している裁判官らにも大きな印象を与えることとなり、各地域の訴訟に影響が及ぶことは必至である。

最高裁が具体的な理由を一切記載せず決定を行ったのは、人権保障の最後の砦という司法権の役割を自ら放棄したものといえる。

弁護団は、2019年9月2日付の声明文において、大阪高裁判決について「行政による人権侵害から被害者を救済することを困難にする司法の自壊である」と非難し、また、最高裁決定についても「大阪高裁による行政裁量の拡大を追認したという意味でも、極めて大きな過ちを犯した」と強く抗議した。

大阪補助金裁判（122頁～）でも触れるように、在日朝鮮人の民族教育は、日本の植民地支配の過程で行われた「皇国臣民化教育」により民族の存在自体を否定された朝鮮民族が、民族としての存続をかけて実施せざるを得なかった歴史的事業であり、「日韓併合なかりせば、有したであろう民族の言葉や文化を回復する営為」[1]なのであって、この民族教育を受ける権利は格別の保障を受けなければならない。それにもかかわらず、権利の保障がなされるどころか、民族教育を実施している朝鮮学校だけが排除されたことを最高裁までが追認してしまったのである。司法の良心に望みをかけて約10年間闘ってきたにもかかわらずこのような結末となってしまい、当事者たちは深い絶望感を味わった。

しかし、大阪の無償化訴訟は、このような形で終結してしまったが、訴訟はあくまでも権利獲得のため手段の1つに過ぎず、これで闘いが全て終わってしまったということではない。また、この約10年にわたる闘いが全て無駄であったということでもない。

今後、朝鮮高校に通う生徒たちが、他の高校生たちと等しく、就学支援金を享受しながら学生生活を送り、のびのびと民族教育を受けられるよう、これからも、屈することなく声をあげ続けたい。筆者自身も、弁護士として、また、朝鮮学校卒業生として、自身のできることを探し続けたいと思う。

（金星姫）

【注】

1）田中宏「在日外国人の民族教育権に関する一考察」（龍谷大学経済学論集45（5）、2006年3月）

## 3）愛知訴訟――民族教育権の憲法的保障を求める闘い

### ⑴名古屋地裁での闘い

#### ①愛知訴訟の特色

2013年1月24日、愛知朝鮮中高級学校高級部（以下「愛知朝高」）卒業生5名は、日本政府が朝鮮高校の生徒を就学支援金の適用対象から政治外交上の理由で排除した一連の行為により精神的苦痛を被ったとして、名古屋地裁に国家賠償請求訴訟を提起した（その後2013年12月19日に、原告5名が追加提訴して原告は計10名となった）。

ⅰ在日朝鮮人の子どもを取り巻く歴史的社会的状況を明らかに

愛知訴訟では、憲法で保障される人格権・平等権・学習権侵害の主張を柱に、在日朝鮮人および朝鮮学校の歴史的・社会的背景を総合的に理解してもらうことに注力した。

それには2つの理由がある。

1つは、生徒らの精神的損害の内実を裁判所に正確に把握してもらうためである。生徒らは日本政府の一連の行為により、朝鮮人として生きてきた、これからも生きていこうとするその生き方を否定されたという感覚を持っている。このような感覚は朝鮮学校の置かれている歴史的・社会的背景を正確に理解しなければ把握することができないと考えた。

もう1つは、裁判所に歴史性・当事者性の観点をもって判決を下してほしいという思いからである。裁判所も日本社会の報道や世論とは無縁ではない。むしろ、裁判官も日本社会に暮らす1人の人間であり、こと「北朝鮮」が絡む問題となると無自覚の偏見を抱いている可能性が高いと思われた。裁判官たちが、真に公正な判断を下すとすれば、それは、植民地支配清算の当事者として歴史と向き合ったときだと考えたからである。

このような問題意識に基づき、弁護団は、①朝鮮学校の教育は日本の朝鮮植民地支配のもとで奪われてきた朝鮮人の民族文化と尊厳を回復するための営みとして始まったこと、②朝鮮学校に対する日本政府の抑圧政策と在日朝鮮人の闘いという朝鮮学校の歴史、③植民地支配と日本における朝鮮人差別の形成、④在日朝鮮人に対する制度的・社会的差別と近年の排外主義の広がりという朝鮮人の子どもを取り巻く民族差別の状況、⑤分断された祖国と居住国日本との複雑な関係に基づく在日朝鮮人制裁、⑥不合理な「北朝鮮バッシング」「北朝鮮嫌悪（フォビア)」がはびこる日本社会の中で成長してきた生徒らにとって、朝鮮人としての尊厳を守り育てるために欠くべからざる場所であったことを丁寧に主張した。そして、朝鮮学校は「北朝鮮」と総聯から「不当な支配」を受けているおそれがあるから、適正な運営によって就学支援金を管理できないとする日本政府に対し、朝鮮および総聯は朝鮮学校の欠くべからざる支援者であったことを明らかにした。

ⅱ人格権(憲法13条)の侵害

その上で、無償化除外による生徒らの人格権侵害(憲法13条違反)について以下のとおり主張した。

在日朝鮮人は植民地政策の所産であり、日本政府の同化政策にさらされてきた。また、祖国の分断および祖国と居住国が断絶関係にあるという特殊な状況に置かれ、日本の社会では、在日朝鮮人が「見えない」存在となっている。そのため、現在の日本社会では、在日朝鮮人の子どもたちは、健全に発達するための自己肯定感を育むことが阻害されており、民族的アイデンティティを確立することも困難な状況にある。このような日本社会の中で、①朝鮮学校の民族教育は、自己の民族的出自について正しい知識を与え、朝鮮人としての民族性を養うものであり、②朝鮮学校は、何の迷いもなく在日朝鮮人として生きることを保障する「安全な家」としての役割を果たしている。さらに、③朝鮮学校に通う子どもたちは部活動を通し、在日朝鮮人として自己実現を行っており、在日朝鮮人の子どもたちにとって朝鮮学校は、アイデンティティの確立に欠かすことができない存在である。無償化除外は、朝鮮学校に通う生徒のみを他の外国人学校に通う生徒より劣位に扱い、支援するに値しないとして排除した。これにより、朝鮮学校を通じて自らの民族的アイデンティティの確立を図ってきた生徒らは、自らの人格的生存に不可欠な民族的アイデンティティの形成過程を攻撃され、自らの存在自体を日本政府によって否定されたに等しい衝撃を受けた。朝鮮学校で培った朝鮮民族としてのアイデンティティが生徒らの人格形成にとって核心となる部分であるが故に、その否定は自らの人格の否定として受け止められることとなったのである。

ⅲ教育を受ける権利（憲法26条1項）の侵害

教育は人格の全面的発達および人間の尊厳の確立に不可欠であり、教育の保障なしには人は自らの人権を認識することも十分に行使することもできないから、教育を受ける権利を保障した憲法26条は、権利の性質上在日朝鮮人にも保障される。

国際人権法上も、教育を受ける権利の享有主体に外国人も含まれることは自明のこととされている。社会権規約は、13条1項で締約国に「教育についてのすべての者の権利」を認めることを義務づけており、子どもの権利条約も、28条1項で「教育についての児童の権利」を規定する。社会権規約の定める諸権利については同規約2条2項の内外人平等保障の原則が及び、子どもの権利条約の定める諸権利も、「いかなる差別もなしに」（2条1項）保障されるべきものとされている。

そして、教育は、物質的な生存にとって糧であるという側面と、人格の完成・実現に資するという側面を併せもつものである。したがって、教育を受ける権利の保障もこれら2つの側面の双方についてなされねばならず、人格形成の側面についていては、諸個人が教育・学習を通じて自主的・自律的に自己の人格を形成しうることが保障されねばならない。このことから、教育を受ける権利は、内容的には多様でありうる諸個人の自主的・自律的な教育・学習の営みにつき、国家（政府）が、教育・学習主体の属性（たとえば国籍）の違いにかかわらず、平等な条件整備を行うことを請求しうる権利として、社会権（請求権）的側面と自由権的側面とを併せもつ複合的な権利であるといえる。

そして、教育を受ける権利の自由権的側面により、自己の属する民族の言語による、民族的アイデンティティを保全するための教育を選択する自由も一定の外国人には保障されていると解される。また憲法13条は、民族的少数者が自己の文化を享有する権利を含む（二風谷事件、札幌地判1997年3月27日）と解されている。したがって、憲法26条、憲法13条により、民族教育を受ける権利が保障され、そのような内容の教育を受けることにつき国家（政府）による条件整備を求めることが、同権利の社会権的側面として保障されると解される。

国際人権諸条約においては、社会権規約13条1項、子どもの権利条約29条1項、同30条、自由権規約27条によって民族教育の権利性はより確固たる規範として承認されている。社会権規約13条4項と子どもの権利条約29条2項は、民族教育を実質的に保障するための教育機関による民族教育実施権を保障している。したがって、朝鮮高校の生徒には、普通教育を施す民族教育施設である朝鮮高校を選択し、そこでの教育を受けるについて、日本政府の積極的な条件整備を求める権利が認められているのである。

このような生徒の権利を各種学校である外国人学校の生徒への就学支援金の支給というかたちで具体化したのが無償化法である。したがって、外交的、政治的考慮により、就学支援金の支給から排除することは、無償化法によって具体化された民族教育を受ける権利を侵害するものである。

修学旅行（祖国訪問）など、朝鮮との関わりを含めて愛知朝高で実施されている民族教育の実態と在日朝鮮人にとっての民族教育の意味を明らかにした山本かほり愛知県立大学教授の意見書（「朝鮮学校で学ぶことの意味――朝鮮学校での営み・朝鮮民主主義人民共和国との関係をいかに考えるのか?」）、および民族教育の権利性を認め、日本政府が展開する「不当な支配」論は教育の自主性を保護する教育基本法の理念に反していると鋭く説いた成嶋隆日本教育法学会会長の意見書は、生徒らの主張を強く後押しするものであった。

さらに、愛知訴訟では、広島地裁判決および東京地裁判決が就学支援金の流用の懸念を認めて原告敗訴としていることを踏まえて、学校法人愛知朝鮮学園が、毎年度、愛知県による厳格な立ち入り監査を経て補助金の支給を受けている事実を立証した。

## ②教育内容を踏み荒らした名古屋地裁判決

２０１８年4月27日、名古屋地裁は5年にわたって審理されてきた本訴訟に判決を言い渡した。しかし、その内容は、最も残酷な形で生徒たちの思いを踏みにじるものであった。

名古屋地裁判決は、「憲法13条は、個人の尊厳と人格の尊重を宣言する規定であるところ、自身の民族の歴史に触れ、民族の文化を享有し、あるいは自民族の言語を使用することは、当該民族に属する者としての自覚と誇りを醸成して自己のアイデンティティを確立するという意味で、個人の人格的生存にとって必要不可欠なことといい得るものであるから、このような機会を妨害されない権利は、憲法13条の趣旨に照らしても十分に尊重されるべきものであるといえる。また……自身の所属する民族の歴史、文化を学び、母国語に触れる教育を受ける機会を妨害されない利益は、憲法26条1項の趣旨に照らしても、尊重に値するものであるといえる。……在日朝鮮人である原告らにとって、同胞が共に学ぶ朝鮮高校において民族教育を受け、自己の民族的アイデンティティを確立することが、その人格形成に当たって極めて重要なものであることは十分首肯し得る。また、朝鮮高校が不指定処分を受けた場合には、同校を進学先として希望していた生徒も、就学支援金を受けるために、朝鮮高校以外の支給対象校への進学を検討せざるを得ない事態となり得るから、本件不指定処分が学校選択の自由に間接的に影響を与える側面を有することも否定できない。そして、朝鮮語を公式言語とする学校が朝鮮高校以外に存在しないとすれば、朝鮮高校が不指定処分を受けた場合に、これに代替する学校が見つけることが困難であることも理解できる」として、民族教育が憲法上の保障を受けるものであることを認めたが、無償化除外は民族教育を規制するものではないとして、憲法違反を認めなかった。

その上で名古屋地裁は、朝鮮高校の教育内容を理由にして総聯による「不当な支配」の疑いがあるとして原告敗訴を言い渡した。具体的には、「北朝鮮の指導者を賛美する」教科書の記載内容、在日本朝鮮青年同盟への加入、在日本朝鮮人教職員同盟への教職員の加入等の点を挙げて教育内容に総聯の「不当な支配」の疑いがあるとし、愛知朝高には規程13条の要件を満たさない疑いがあったと結論づけた。名古屋地裁判決は、愛知朝高について就学支援金の流用のおそれはなく、省令ハの削除の背景には拉致問題への考慮があったこと、不指定処分の理由の曖昧さは行政手続法違反であることまで認めたが、結論としては、学校の運営への「疑念」（学校が法令違反をしている証拠は何もない）から文科大臣の判断は正当と断じた。

名古屋地裁判決の最大の問題は、裁判所が、学習指導要領の拘束を受けずに自主的な民族教育を行う私立各種学校である朝鮮学校の教育内容への介入を認めたということである。名古屋地裁判決は、朝鮮高校では「授業内容を批判する能力が十分ではない後期中等教育の段階にある生徒に一方的に偏った観念を植え付ける教育が行われている」とするが、この判断の根底には、朝鮮高校の民族教育と戦前の日本の皇民化教育を同視する価値観が透けて見える。民族教育は植民地支配により奪われた民族的アイデンティティを回復するための営為であるにも関わらず、戦前の皇民化教育と民族教育を同じ次元で語り同視することが、いかに在日朝鮮人を侮辱するものであるか。

名古屋地裁判決は、民族教育権の重要性を抽象的には認めているが、結果としては朝鮮学校が朝鮮を祖国とすることを問題視する日本政府の立場を追認し、民族教育を単なる文化教育へと矮小化している。旧宗主国日本で根強い差別の中に生まれ育ち、日本と複雑な関係にある分断国家を祖国に持つ子どもたちにとって、祖国について祖国の立場から学ぶことは必要な政治的教養である。名古屋地裁判決は、あたかも自らが絶対的に公正中立な立場にあるかのように、朝鮮学校の教育に「中立性」を求め、自らの価値観に基づいた物差しを振りかざして少数者の教育の場を踏み荒らしたのである。そこには、日本社会のどのような状況が朝鮮学校の民族教育を産んだのかという歴史へのまなざしは欠けていた。裁判所の歴史性・当事者性の欠如は想像していた以上に深刻であったことが名古屋地裁判決によって明らかとなった。

### ⑵被害を矮小化する名古屋高裁判決

名古屋高裁の課題の第一は、省令ハの削除の違法性を判断させることであった。大阪地裁判決を除く各地の敗訴判決には、朝鮮高校は省令ハの削除にかかわらず、規程13条によって指定され得なかったとして、裁判所が省令ハ削除の違法性判断を避けているという共通点があった。

この点、朝鮮高校に対する不指定処分の理由は省令ハの削除のみと見るべきこと（詳細は「東京訴訟」101頁～を参照）、したがって不指定処分の違法性を判断するためには、省令ハの削除の違法性を正面から問う必要があることについて、名古屋高裁では東京高裁での議論を引き継ぎ、さらに本多滝夫龍谷大学教授の意見書も結審後となったが提出した。

名古屋高裁の課題の第二は、総聯による「不当な支配」の疑いがあるという認定をいかに覆すかということである。

この点については、地元名古屋大学の石井拓児准教授の意見書を提出した。具体的には、①教育基本法16条1項は、「教育の自主性」を歪めるような「不当な支配」を禁じているのであり、かかる「不当な支配」の存在事実は、教育主体である学校・教職員・保護者の直接当事者の訴えによってのみ認定することができること（そうでないとマイノリティの教育に対して「不当な支配」との攻撃が正当化される）、②名古屋地裁判決が「不当な支配」の判断で重視している「教育の中立性・不偏不党性」は憲法23条の学問の自由の尊重の観点から慎重に判断されるべきもので、時々の政権の党派性が入り込む余地がある以上教育行政的判断の及ぶべきところではないこと、③私学教育法の領域においては、教育の自主性を尊重するために「教育行政的判断」よりも教育専門家による「教育的判断」が優先され、教育専門家による審査会の意見を聴かずに不指定処分を行うことには手続的な瑕疵《かし》が存在すること、④そもそも無償化法は高校レベルの「教育の水準」を審査することを予定していたのであり、「教育の中立性・不偏不党性」を審査するとした名古屋地裁判決は無償化法の解釈を誤っていること等を緻密な法解釈に基づき明らかにした。

このような補充主張に対して、名古屋高裁（2019年10月3日）は、不指定処分の理由は省令ハの削除のみとなるという生徒らの主張を認めた。上告棄却で確定した東京高裁の論理をあえて採用しなかったことに、東京高裁判決の論理の薄弱さが示されたといえよう。

しかし、そうであれば当然に、省令ハの削除の違法性が問われるものと思われたが、名古屋高裁も結局は省令ハの削除の違法性について判断を回避した。不指定処分が仮に違法無効だったとしても、省令ハが存在していたならば朝鮮高校が対象とされていた（＝規程13条を満たしていた）といえない限り、生徒らが省令ハの削除によって「民族的感情を害されたとしても」権利利益の侵害がなく慰謝料請求は成り立たない、愛知朝高は総聯の「不当な支配」の疑いにより規程13条を満たさないとした地裁判決は正当である、というのがその理由であった。

名古屋高裁判決の、日本政府が「拉致問題」を掲げて行った省令ハの削除はあくまで不問としながら、省令ハの削除によって朝鮮高校の生徒だけが永久的に制度から除外されたという深刻な被害の実態から目を背ける態度は、「少数者の最後の砦」としての裁判所の責務の放棄といわざるを得ない。省令ハの削除がなかったならば、たとえ一度は学校が不指定処分を受けたとしても、その後何度でも挽回のチャンスはあった。だからこそ、日本政府は朝鮮高校の生徒を永久的に制度から除外するために、単なる不指定処分ではなく、省令ハの削除という挙に出たのである。その差別の意図は司法によって厳しく断罪されなければならなかったはずである。

### (3)闘いの舞台は最高裁へ

最高裁では、本件における憲法違反の有無が検証されることとなる。省令ハの削除によって無償化制度から永久的に除外され朝鮮高校の生徒が「民族的感情を害した」、名古屋高裁判決はこれを単なる「不快な感情」と片づけたが、その実態はまさに憲法上の権利（平等権、人格権）の侵害ではないのかが問われることになるのである。名古屋地裁・高裁判決の「不当な支配」論が、精神的自由権を認めた憲法に抵触することについても引き続き判断を求めていくことになる。

私たち弁護団は、就学支援金を受給できたか否かに問題を矮小化した名古屋高裁判決を乗り越え、生徒らが民族的アイデンティティをかけて本訴を提起した思いを、憲法の言葉として最高裁に届けるため最善を尽くしていく。

（金銘愛、裵明玉）

## ４）東京訴訟――あらわになった朝鮮高校排除の強引な手法

### (1)東京訴訟の特色

無償化からの朝鮮高校の排除は、憲法上も国際人権法上も、さらには、在日朝鮮人や民族教育の歴史に鑑みても、多くの問題を孕んでいる。

しかし、東京訴訟では、それらの点についてはあえて触れず、不指定処分が、拉致問題が進展しないこと等の政治的・外交的配慮に基づき、朝鮮高校を対象から除外するという方針を実現するために、省令ハの削除と同時になされたものであること、日本政府が不指定処分の１つ目の理由として主張する省令ハの削除（理由①）は、「全ての意志ある後期中等教育段階にある生徒の学びを保障」するという無償化法の趣旨を根底から覆すものであり違法であることにポイントを絞って、訴訟活動を展開してきた。

それは、外国人学校の生徒についても就学支援金を支給することとした（従前の日本の法律や制度と比較すれば）画期的な無償化法の下では、朝鮮高校指定の根拠規定である省令ハを削除して実現された不指定処分が違法であることは、あまりにも明らかであるためである。

東京訴訟で裁判所に求めたことは､国会が制定した無償化法という法律の正当な解釈である。国会が制定した法律には、解釈の枠があると共に、行政府が法律を施行する規則を制定するにあたっては、法律の委任の趣旨に準拠しなければならない。このようなルールに従い、裁判所が無償化法という法律について、通常の解釈を行うのであれば、原告（不指定処分時の東京朝鮮中高級学校の高級部生徒62名）の請求が認められると確信していた。

東京訴訟では、前記のとおり、不指定処分が、拉致問題が進展しないこと等の政治的外交的配慮に基づき、朝鮮高校を対象から除外するという方針を実現するために、省令ハの削除と同時になされたものであることを明らかにするため、主張立証活動を行った。

第1審の後半では、日本政府に対し、①東京朝鮮中高級学校の審査に関し、文科省が収集・作成した資料、②省令ハ削除の決裁文書等、③不指定処分の決裁文書等の開示を求めた。その結果、日本政府側からは、省令ハ削除の決裁文書、不指定処分の決裁文書が開示され、不指定処分の決裁段階における日本政府の意図を明らかにすることができた。

また、証人尋問では、不指定処分に中心的に関与した文科省役人2名（不指定処分当時、文科省初等中等教育局財務課高校修学支援室の主任視学官であった望月禎、同支援室企画係長であった中村真太郎）の出廷が実現した。

## (2) 処分理由の変遷と東京高裁の求釈明

### ①処分理由の変遷

不指定処分の大きな特徴は、日本政府の主張する処分理由が、二転三転していることである。以下ではまず、不指定処分前から第1審までの日本政府の主張を、時系列順に整理する。

| 日付 | 文書 | 日本政府の主張 |
|---|---|---|
| 2013・2・4 | 不指定に関する決裁原義（不指定処分に関する決裁文書）（105頁参照） | 件名「……ハの規定の削除に伴う朝鮮高級学校の不指定について」<br>伺い文「本件は……ハの規定の削除に伴い、朝鮮高級学校を不指定とするものである」 |

| | | |
|---|---|---|
| 2013・2・20 | 不指定処分通知文書 | 「……指定については、同号ハの規定を削除したこと及びこれまで……規程に基づき、貴校の同規程に定める指定の基準への適合性を審査してきたところ、同規程13条に適合すると認めるに至らなかったことから、認められません」 |
| 2013・10・25 | 民事訴訟法第132条の2第1項による照会に対する回答書（訴え提起前の照会に対する日本政府の回答） | 「…本件不指定処分…の理由は、『…規程13条に適合すると認めるに至らなかったこと』及び『…ハの規定を削除したこと』の2つである」 |
| 2013・10・31 | （異議申立てに対する）決定書 | （2つの理由の論理的関係性についての求釈明に対し）「本件不指定処分の理由には何ら論理矛盾はない」 |
| 2015・3・18 | 第1審被告第3準備書面 | （省令ハを削除したことが独立の理由となる理由を主張せよとの東京地裁の求釈明に対し）「不指定処分の主たる理由は、飽くまで本件規程13条に適合すると認めるに至らなかったこと…省令改正の点についても、念のため、不指定処分の理由に含めて通知したのである」 |

以上の経過からも明らかなとおり、不指定処分の決裁段階では、省令ハの削除という理由が前面に出ていたのに対し、訴訟が進行するにつれ、日本政府側は、徐々に規程13条に適合すると認めるに至らなかったという理由（理由②）にシフトしている。すなわち、日本政府は、拉

**決裁・供覧**

| | | | |
|---|---|---|---|
| 件名 | 公立高等学校に係る授業料の不徴収及び高等学校等就学支援金の支給に関する法律施行規則第１条第１項第２号ハの規定の削除に伴う朝鮮高級学校の不指定について | 文書番号 | 24文科初 第1130号 |
| 伺い文 | 本件は、公立高等学校に係る授業料の不徴収及び高等学校等就学支援金の支給に関する法律施行規則第１条第１項第２号ハの規定の削除に伴い、朝鮮高級学校を不指定とするものである。 | | |

| | | | | | |
|---|---|---|---|---|---|
| 起案 | 起案日 | 平成25年02月04日 | | 受付日 | |
| | 部署 | 初等中等教育局 財務課 高校修学支援室 企画係 | 決裁 | 決裁処理期限日 | |
| | | | | 決裁日 | 25.2.15 |
| | | | 施行 | 施行処理期限日 | |
| | 起案者 | 辻田　朋弘 | | 施行日 | |
| | 連絡先 | 3578 | | 施行先 | 学校法人北海道朝鮮学園　他９校 |
| 分類名称 | 大分類 | | | | |
| | 中分類 | | | 施行者 | 文部科学大臣 |
| | 名称(小分類) | | | 取扱上の注意 | |
| 取扱区分 | 秘密区分 | | | | |
| | 秘密期間終了日 | | 格付け | 機密性格付け | 1 |
| | 指定事由 | | | 取扱制限 | |
| | | | 保存 | 行政文書保存期間 | 10年 |
| | | | | 保存期間満了時期 | 平成35年03月31日 |

決裁・供覧欄

大臣　副大臣　大臣政務官

事務次官　文部科学審議官　官房長　政策評価審議官

総務課長　総務課副長　法令審議室長

局長　審議官　初等中等教育企画課長

主任視学官　室長　専門官　係長

備考欄

施行先：学校法人北海道朝鮮学園、学校法人茨城朝鮮学園、学校法人東京朝鮮学園、学校法人神奈川朝鮮学園、学校法人愛知朝鮮学園、学校法人京都朝鮮学園、学校法人大阪朝鮮学園、学校法人兵庫朝鮮学園、学校法人広島朝鮮学園、学校法人福岡朝鮮学園

※施行日は官報の掲載日に合わせるため、平成25年2月20日とした。

1/1

不指定処分に関する決裁文書

致問題が進展しないこと等の政治的・外交的配慮に基づき、朝鮮高校を対象から除外するという方針を実現するために、省令ハを削除すると同時に不指定処分を行ったという事実経過を隠蔽し、朝鮮高校が不指定にされたのは、審査会における審査を尽くしても、朝鮮高校が規程13条の要件を満たすと認められなかったためであるとして、不指定処分が、朝鮮高校側の問題によりなされたものであることを強調したのである。

東京地裁判決は、このような日本政府の主張をそのまま踏襲し、東京朝鮮中高級学校につき、規程13条に適合すると認めるに至らないとした文科大臣の判断をもって、不合理なものとまでいうことはできないと判断した上で、そうである以上、省令ハの削除の違法性については、不指定処分の適法性の判断を左右するものではないから、判断する必要がないと判断を回避した。

**②東京高裁の求釈明**

しかし、東京高裁は、前記の処分理由の変遷と2つの処分理由の論理的関係性に大きく着目した。

東京高裁は、第1回口頭弁論期日（2018年3月20日）で、日本政府に対し、省令ハの削除を理由とする理由①と省令ハの存在を前提とする理由②との論理的関係をどのように説明するのか、省令ハ削除の効力発生時期などとの関係を踏まえ、書面で明らかにせよと釈明を求めたのである。

これに対し、日本政府は、「理由①と理由②とは、不指定処分の理由としては、論理的には両立しない」ことを明確に認めた上で、理由①と理由②のいずれが不指定処分の理由として成り立ち得るかは、省令ハの削除の効力発生時期と不指定処分の効力発生時期との時間的先後関係により決まるものであると主張するに至った。

東京訴訟では、このような東京高裁の訴訟指揮および日本政府の主張を前提に、省令ハ削除の効力は、これが官報に掲載された2013年2月20日に発生したこと、一方で、不指定処分の効力は、最高裁判所判例で確立されたルールに従えば、不指定処分通知書が学校法人東京朝鮮学園に到達した2013年2月21日以降に発生したことを主張した。そうすると、2013年2月20日に省令ハは削除されたのに対し、不指定処分は、2013年2月21日にその効力が生じたことになるから、省令ハの存在を前提とする理由②は、不指定処分の理由にはなりえない。よって、東京高裁は、理由①、すなわち、省令ハの削除が違法であるか否かについて、判断せざるを得ないということになる。

以上より、東京訴訟では、東京高裁が、省令ハの削除の違法性について、真正面から判断を下すであろうと大いに期待を寄せた。

### (3)判断を回避した東京高裁の異様さ

しかしながら、東京高裁は前記のような審理経過を全て無視し、突如、行政処分の成立と効力を区別した上で、省令ハの削除が効力を生ずる官報公告時点までに、不指定処分が行政処分として成立していたことを根拠に、理由②が不指定処分の理由となりうると判断した。その上で、東京高裁は東京地裁と同じように、東京朝鮮中高級学校につき、規程13条に適合すると認めるに至らないとした文科大臣の判断をもって、不合理なものとまでいうことはできないと判断し、省令ハの削除の違法性については判断するまでもないとして、原告らの請求を棄却した。

東京高裁判決の異様さは、以下の2点に整理することができる。

1点目は、東京高裁の審理経過を一切無視した点である。

前記のとおり、東京高裁第1回口頭弁論期日における裁判所の求釈明、それを受けての日本政府、生徒側の主張からすれば、理由①と理由②のいずれが不指定処分の理由となりうるかは、省令ハ削除と不指定処分の効力発生時期の先後関係によって決せられるというのが、裁判所、生徒、日本政府の共通理解であった。東京高裁判決は、そのような審理経過を全て無視し、審理の過程で一度も話題に上がらなかった行政処分の成立について論じたのである。このような判断は、当事者にとっては不意打ちになるため、通常の裁判では考えられない。

2点目は、省令ハ削除と不指定処分の効力発生時期に触れていない点である。

東京高裁判決では、行政処分の成立と効力を区別した上で、成立のみについて論じているが、当然のことながら、行政処分の効力が発生しなければ、処分を受ける当事者との関係では、その行政処分が存在しないのと同様である。仮に、不指定処分の理由が理由②であるとしても、理由②に基づく不指定処分が違法ではないと判断するためには、不指定処分の効力が発生した時点で、省令ハ削除の効力が発生していないこと、つまり、省令ハ削除およびこれに基づく規程13条が存在していたことを認定しなければならない。前記の審理経過からすれば、東京高裁も当然にそのことを正しく認識していたはずであるが、東京高裁判決は、省令ハ削除と不指定処分の効力発生時期に触れなかったのである。

このような東京高裁の判断は、明らかに破綻している日本政府の主張を補強して救済したとすら言えるものであり、政府追従の裁判所の姿勢が厳しく問われるべきである。

## (4)最高裁による無情な決定

生徒らは最高裁に最後の望みを託し、2018年11月12日、上告申立て兼上告受理申立てを行った。

前記のとおり、省令ハ改正の効力は2013年2月20日に発生した一方で、不指定処分の効力は、最高裁判例で確立したルールに従えば、2013年2月21日以降に発生したと解釈できる。その帰結として、不指定処分の理由は理由①としか考えられない。それにもかかわらず、東京高裁は省令ハ削除と不指定処分の効力発生時期について一切触れないまま、不指定処分の理由は、理由②であると断定した。

そこで、上告理由書では、東京高裁判決が省令ハ削除と不指定処分の効力発生時期について判断しなかった点で理由不備である（判決主文を導き出すための理由が欠けている）と主張し、上告受理申立理由書では東京高裁判決が行政処分の効力発生時期に関する最高裁判例に違反すると主張した。

しかし、最高裁は２０１９年８月27日付で上告を棄却し、上告審として受理しないという決定を下した。最高裁から届いた決定書には生徒らが主張する上告理由等に真正面から応える内容は全く記載されていなかった。

これにより、２０１４年から始まった東京訴訟は生徒らの敗訴という結果で確定した。

東京訴訟の敗訴という結果については、勇気を持って原告として立ち上がった生徒らや訴訟を支援してくださった全ての方々に対し、弁護団の一員として本当に申し訳ないという気持ちである。

前記の最高裁決定が今もまだ続いている他地域の訴訟や日本社会に与える影響は計り知れない。しかし、最高裁は東京高裁判決に対する自らの判断を何ら示していないのであるから、法的には他地域の訴訟を拘束しない。他地域の訴訟を担当している裁判官らがその良心に従い、真っ当な判断を下してくれることを強く期待する。

東京訴訟では２つの処分理由が論理的に両立しないものであることを日本政府に認めさせたこと、これにより裁判所が２つの処分理由が論理的に両立しないことを前提に判断せざるを得なくなったことから、他の地域の訴訟にも生かせる点で大きな意義があったと言える。

東京訴訟は、訴訟手続としては終わってしまったが、今後も全ての朝鮮高校の生徒に対し、差別なく就学支援金が支給される日まで、われわれは他地域とも連携し、地道に活動を続けていく所存である。


（康仙華）

## 2．補助金問題

本項では、まず日本政府や地方自治体の朝鮮学校施策について概観する。地方自治体は日本政府と異なり、朝鮮学校に対し、その存在意義を認め、僅かではあるものの、補助金を交付してきた歴史がある。

そして、大阪府・大阪市による補助金不交付問題について概観し、６年以上にわたって闘ってきた裁判闘争について振り返る。

### 1）朝鮮学校に対する日本政府の姿勢

日本による植民地支配から解放された在日朝鮮人は、「皇国臣民化教育」によって奪われた民族の言葉や文化を取り戻そうと、全国各地に「国語（朝鮮語）講習所」を設立した。これが朝鮮学校の始まりと言われている。雨後の筍のように日本各地で始まった「国語（朝鮮語）講習所」は、1946年10月までの間に、525校の初等学園、4校の中学校、10校の青年学校が設置され、1100余人の教員によって4万1000余人の生徒に体系的な民族教育を実施したと言われている。[1]

しかし、日本政府は朝鮮学校を「共産主義教育の温床」と位置づけ、在日朝鮮人の自主的な教育を否定した。[2] 1948年1月24日、文部省（当時）は「朝鮮人設立学校の取扱について」（官学第5号、文部省学校教育局長より文部省大阪出張所長・都道府県知事宛）という通達を発した。その内容は、「現在日本に在留する朝鮮人は昭和21年11月20日付総司令部発表により、日本の法令に服しなければならない。従って、朝鮮人の子弟であっても学齢に該当する者は、日本人同様市町村立又は私立の小学校、又は中学校に就学させなければならない」[3]というものであり、日本で生まれ育った在日朝鮮人の子どもたちが朝鮮学校で学ぶことを禁じ、日本学校への入学を強制したのである。

この通達に対し、在日朝鮮人が数多く居住していた大阪や兵庫では、多くの在日朝鮮人が集結し、自主的な民族教育を守ろうと闘った。4月24日にはアメリカ占領軍が兵庫県に非常事態宣言を発令し、在日朝鮮人らを検挙し弾圧した。大阪では16歳の金太一少年が、警察の銃弾により命を失っている。これが「阪神教育闘争」と呼ばれる事件である。「4・24教育闘争」とも呼ばれている。

在日朝鮮人たちは同年5月5日、森戸辰男文部大臣と朝鮮人教育対策委員会責任者である崔容根との間で「1　朝鮮人の教育に関しては教育基本法および学校教育法に従うこと」「2　朝鮮人学校問題については私立学校として自主性が認められる範囲内において、朝鮮独自の教育を行うことを前提として、私立学校として申請すること」という内容の「覚書」[4]を交わすことによって、朝鮮学校の閉鎖を免れることができた。

しかし、翌年の1949年9月、法務総裁は団体等規正令を適用し在日本朝鮮人聯盟（朝聯）の解散を命じた。同年10月13日には、無認可の朝鮮人学校は所定の手続を経て認可を受けるようにし、認可申請しないものは閉鎖する、朝聯が設置していた学校については、「設置者を喪失し、廃校になったものとして措置」という内容が盛り込まれた「朝鮮人学校に対する措置について」（文管庶第69号・文部省管理局長・都道府県特別審査局長から都道府県知事・同教育委員長宛）[5]という共同通達を発した。この通達発出後の10月19日には「第2次学校閉鎖令」が発布され、多くの朝鮮学校が武装警官によって強制閉鎖されるに至った。しかし、それでも、民族の言葉や歴史を取り戻そうとする在日朝鮮人の熱意は冷めず、在日朝鮮人の民族教育は、自主学校（無認可学校）・公立学校・公立分校等の形態で行われた。

その後、サンフランシスコ講和条約発効（1952年4月28日）直前である4月19日、「朝鮮および台湾は、条約の発効の日から日本国の領土から分離することとなるので、これに伴い、朝鮮人および台湾人は、内地に在住している者を含めてすべて日本の国籍を喪失する」（法務府民事局長1952年4月19日民事甲438号通達）[6]として、朝鮮人と台湾人は、「外国人」という扱いとなった。

前述のとおり、サンフランシスコ講和条約発効以前、日本政府は、在日朝鮮人を「日本国籍者」して扱い、在日朝鮮人の子どもたちは「日本学校への就学義務」があるとし、それを理由に朝鮮学校を認めていなかった。しかし、在日朝鮮人の「日本国籍」が喪失させられたことで、就学義務がなくなった。翌1953年2月11日、文部省は「朝鮮人の義務教育学校への就学について」（文初財74号、文部省初等中等教育局長から各都道府県教育委員会宛）という通達を発した。その通達では、「平和条約の発効以降は、在日朝鮮人は日本の国籍を有しないこととなり、法令の適用については一般の外国人と同様に取り扱われる」とされ、在日朝鮮人の子どもたちについては「学齢簿に登載する必要はないし、就学義務履行の督促という問題もなく、なお外国人を好意的に公立の義務教育学校に入学させた場合には、義務教育無償の原則は適用されない」とされた。

さらに、1965年12月には、文部省は「朝鮮人のみを収容する教育施設の取扱いについて」[7]（文管振210号、文部事務次官から各都道府県教育委員会・各都道府県知事宛）という通達を発した。その内容は、朝鮮学校を「学校教育法一条の学校として認可すべきでな」く、「朝鮮人としての民族性または国民性を涵養することを目的とする朝鮮学校は、我が国の社会にとって、各種学校の地位を与える積極的意義は認められないので、これを各種学校として認可すべきでない」とし、朝鮮学校を完全に否定するものであった。

以上のとおり、日本政府は、朝鮮学校が設立された当初から一貫して朝鮮学校における民族教育を認めない施策を行い続けており、その姿勢は、現在も変わってはいない。

## 2）地方自治体による朝鮮学校認可と教育助成、そして補助金の打ち切り

### ⑴朝鮮学校認可

以上のように、日本政府が、一貫して朝鮮学校を認めない施策を行い続ける一方（朝鮮学校高校「無償化」除外問題については62頁～参照）、地方自治体は、朝鮮学校を認可する方向へと動いていった。1953年5月18日に京都府が京都朝鮮学園を準学校法人として認可をしたことを皮切りに、全国の地方自治体で朝鮮学校を認可する動きが広がり、1970年代には、全国の朝鮮学校が準学校法人として、また各種学校[8]として認可された。

### ⑵教育助成

さらに、その後、僅かな金額ではあるものの、朝鮮学校に対し、地方自治体における教育助成金拠出の動きが始まった。

まず、東京都が、朝鮮学校に対し1970年から「私立学校教育研究助成金」を拠出するようになった。それを皮切りに、各地で地方自治体による教育助成金拠出の動きが始まり、1980年代に入ると朝鮮学校があるほとんどの県単位で教育助成が行われるようになったのである。その後、1997年に愛媛県が朝鮮学校への補助に踏みきったことにより、朝鮮学校が設置されていた29都道府県全てにて助成が行われるようになった。

また、朝鮮学校に通う生徒の保護者らの努力によって、県単位だけでなく、市区町村からも公的補助がなされるようになった。1995年当時、朝鮮学校に何らかの形で助成金を交付している地方自治体は、27都道府県154市23区33町に及んでいたのである。

このように、地方自治体による教育助成は、日本政府が朝鮮学校を認めず私学助成の対象にしない中でも、朝鮮学校の実情等に照らし、継続して行われてきたのである。

### (3)補助金交付停止

地方自治体が1970年代頃から朝鮮学校に対し補助金を交付してきたという歴史的経緯があるにもかかわらず、2010年以降、補助金の交付停止が相次ぐこととなった。その契機としては、大きく2つの出来事を挙げることができる。①高校無償化制度からの適用除外に伴う補助金交付停止と、②2016年3月29日付文科省通知に伴う補助金交付停止である。

**①無償化制度からの朝鮮高校の除外に伴う補助金交付停止**

日本政府の、朝鮮高校「無償化」除外の動きに追随するように、地方自治体によって、補助金の交付停止が相次ぐこととなる。まず動きを見せたのは東京都である。東京都は、2010年12月、朝鮮半島での「延坪島砲撃事件」直後に日本政府が朝鮮高校への無償化制度の適用に必要な審査手続を停止したこと等を理由として、学校法人東京朝鮮学園に対する補助金の交付を凍結した。

それに続き、埼玉県でも、2011年3月、2010年度の補助金の予算執行を凍結、大阪府・宮城県・千葉県においても、2011年度以降の補助金交付を停止したのである。

その後、2013年2月20日、下村文科大臣（当時）は、省令ハの削除を内容とする省令改正を行い、無償化制度から朝鮮高校を完全に排除した。これに伴い、その翌日2月21日に、広島県および山口県は、「日本政府が無償化制度から朝鮮高校を除外した」という理由で、補助金交付を停止した。また、新潟県、神奈川県においても補助金交付を停止したのである。

このようにして、各都府県において、補助金の交付が次々と停止されることとなった。（次頁の表参照）

**②2016年3月29日付文科省通知に伴う補助金交付停止**

2016年3月29日、馳浩文科大臣は、朝鮮学校を各種学校として認可している28都道府県

朝鮮学校への補助金を打ち切った自治体の一覧（都道府県）

| 年度 | | 2009 | 2010 | 2011 | 2012 | 2013 | 2014 | 2015 | 2016 | 2017 | 2018 |
|---|---|---|---|---|---|---|---|---|---|---|---|
| No | 都道府県名 | 補助金額（約） | 補助金額（約） | 補助金額（約） | 補助金額（約） | 補助金額（約） | 補助金額（約） | 補助金額（約） | 補助金額（約） | 補助金額（約） | 補助金額（約） |
| 1 | 東京 | 23.6 million | 0 | 0 | 0 | 0 | 0 | 0 | 0 | 0 | 0 |
| 2 | 埼玉 | 9 million | 0 | 0 | 0 | 0 | 0 | 0 | 0 | 0 | 0 |
| 3 | 大阪 | 185.1 million | 87.2 million | 0 | 0 | 0 | 0 | 0 | 0 | 0 | 0 |
| 4 | 宮城 | 1.5 million | 1.5 million | 0 | 0 | 0 | 0 | 0 | 0 | 0 | 0 |
| 5 | 千葉 | 5.6 million | 5.6 million | 0 | 0 | 0 | 0 | 0 | 0 | 0 | 0 |
| 6 | 広島 | 13.8 million | 10.1 million | 9.7 million | 0 | 0 | 0 | 0 | 0 | 0 | 0 |
| 7 | 新潟 | 1.6 million | 1.1 million | 1.1 million | 0 | 0 | 0 | 0 | 0 | 0 | 0 |
| 8 | 山口 | 2.3 million | 2.3 million | 2.3 million | 2.3 million | 0 | 0 | 0 | 0 | 0 | 0 |
| 9 | 神奈川 | 72.5 million | 63.3 million | 63.8 million | 63.7 million | 0 | 42 million | 56 million | 0 | 0 | 0 |
| 10 | 茨城 | 2.4 million | 2.4 million | 2.4 million | 1.6 million | 1.5 million | 1.6 million | 1.7 million | 0 | 0 | 0 |
| 11 | 栃木 | 1.7 million | 1.7 million | 1.5 million | 1.5 million | 1.5 million | 1.4 million | 1.7 million | 0 | 0 | 0 |
| 12 | 和歌山 | 4.1 million | 4.1 million | 4.1 million | 3.2 million | 3.2 million | 2.3 million | 2.3 million | 0 | 0 | 0 |
| 13 | 三重 | 3 million | 3 million | 3 million | 3 million | 3 million | 3 million | 3 million | 0 | 0 | 0 |
| 14 | 群馬 | 2.5 million | 2.1 million | 2.4 million | 2.5 million | 2.5 million | 2.4 million | 2.7 million | 2.4 million | 0 | 0 |

単位:1,000,000円

の知事に対し、「朝鮮学校に係る補助金交付に関する留意点について（通知）」（以下「3・29通知」）を発出した。通知内容は次のとおりである。

「朝鮮学校に係る補助金交付についいては、国においては実施しておりませんが、各地方公共団体においては、法令に基づき、各地方公共団体の判断と責任において、実施されているところです。

朝鮮学校に関しては、我が国政府としては、北朝鮮と密接な関係を有する団体である朝鮮総聯が、その教育を重要視し、教育内容、人事および財政に影響を及ぼしているものと認識しております。

ついては、各地方公共団体におかれては、朝鮮学校の運営に係る上記のような特性も考慮の上、朝鮮学校に通う子どもに与える影響にも十分に配慮しつつ、朝鮮学校に係る補助金の公益性、教育振興上の効果等に関する十分な御検討とともに、補助金の趣旨・目的に沿った適正かつ透明性のある執行の確保および補助金の趣旨・目的に関する住民への情報提供の適切な実施をお願いします。

また、本通知に関しては、域内の市区町村関係部局に対しても、御周知されるよう併せてお願いします。

なお、本通知の内容については、総務省とも協議済みであることを申し添えます」

文科大臣が3・29通知を発出するまでの間には、次のような経緯があった。

ア　２０１５年6月25日、自民党の「北朝鮮による拉致問題対策本部」が拉致問題の具体的進展がないことを受け、日本政府に対し「朝鮮学校へ補助金を支出している地方公共団体に対し、公益性の有無を厳しく指摘し、全面停止を強く指導・助言すること」という内容を含む13項目の日本独自の制裁強化を提言した（以下「13項目制裁提言」）。

イ　２０１６年1月6日、朝鮮による4回目の核実験報道を受けた自民党は、13項目制裁提言が求める、朝鮮に対する日本国独自の徹底を図ることを求めること等を内容とする「北朝鮮の核実験に対する緊急党声明」を発表した。

ウ　同月12日、安倍総理大臣が13項目制裁提言を受け、衆議院予算委員会で日本独自の制裁を強化する考えを示した。

エ　同月15日　自民党の「北朝鮮による拉致問題対策本部」の会合にて、「朝鮮学校への自治体の補助金について文科省はどう考えているか。今後の対応に付き決意表明をしてほしい」との質問に対し、文科省担当者は、「自治体の補助金は5年前に比べ、都道府県は3分の1に、市区町村は3分の2に減少している。適切な「指導・助言」ができるよう今検討している。すみやかに結論を出す」と述べた。[9]

オ　同年2月7日、朝鮮による弾道ミサイル発射の報道を受けた自民党は、13項目制裁提言が求める、朝鮮に対する日本独自の徹底を図ることを求めること等を内容とする「北朝鮮による弾道ミサイル発射に対する緊急党声明」を発表した。

カ　同月17日、文科省関係者が、「北朝鮮による拉致問題対策本部」等との合同会議に出席し、核実験と事実上の長距離弾道ミサイル発射を強行した朝鮮に対する制裁として、朝鮮学校に補助金を支出している地方自治体に対し中止を求める内容の通知を出す方向で検討していることを明言した。

キ　同月19日　馳浩文科大臣は、記者会見において、記者からの「朝鮮学校への自治体からの補助金についてお伺いします。先日の自民党拉致問題対策本部の会合で、文科省の方から、自治体に対して点検をしてもらうような通知を検討されているという説明があったという報道がありました。これについて、党本部でどのような説明をされたかということと、今後の対応方針についてお願いします」との質問に対し、「朝鮮学校への補助金は、地方公共団体の判断と責任の下に行われているものであります。このため、北朝鮮への制裁とは別に、補助金の公益性やその適正な執行という観点から、通知の発出も含めて必要な対応を検討しているところであります。検討中です」と回答した。[10]

ク　２０１６年３月29日　３・29通知

３・29通知を発出した馳浩文科大臣は、同日付け記者会見において、「朝鮮学校に補助金を出す権限は自治体側にありますので、私としては留意点を申し上げただけであって、減額しろとか、なくしてしまえとか、そういうことを言うものではありません」[11]と説明し、３・29通知は、地方公共団体に対して朝鮮学校に対する補助金交付を自粛するよう求めるものではないと説明している。

しかし、前述の経緯に鑑みると、3・29通知は、日本政府による朝鮮に対する「制裁」の一環として、朝鮮学校に対する補助金交付の中止を地方自治体に促す趣旨で発出されたものであると言わざるを得ない。事実、3・29通知以後、茨城県および和歌山県は、朝鮮学校への補助金交付を停止し、栃木県、三重県、群馬県においても、補助金の交付が停止された。こうして、朝鮮学校に対して長年交付されてきた地方自治体による補助金は、2018年までに、計14の都府県において、不交付となってしまったのである（118頁の表参照）。

以上のとおり、現在、地方自治体による朝鮮学校への補助金は、次々と停止されている。補助金の停止によって、朝鮮学校に通う生徒は、不十分な環境の中での学習を余儀なくされており、その被害は甚大である。

次項では、補助金が打ち切られた地方自治体のうち、大阪の補助金打ち切り問題とその訴訟について報告する。

### 3）大阪府・大阪市による補助金打ち切り問題

#### (1)大阪府下の朝鮮学校への補助金

大阪府においても、1974年に、学校法人大阪朝鮮学園（以下、大阪朝鮮学園）が設置する17校（当時）に対し「私立各種学校設備費補助金」４５０万円（1校当たり約２６４、７００円）が交付された。その後、大阪府からの設備補助金は、毎年少しずつ増額されながら交付され続けた。さらに大阪府は、１９９１年度から「大阪府私立専修学校専門課程等振興補助金交付要綱」に基づき私立各種学校として認可している外国人学校について助成を開始し、私立各種学校である大阪朝鮮学園にも補助金の交付が開始された。１９９３年には、新たに「大阪府私立外国人学校振興補助金要綱」が制定され、以後２０１０年度まで、およそ20年以上にわたって、朝鮮学校に対して毎年絶えることなく補助金が交付され続けてきたのである。

また、同様に、大阪市も、大阪朝鮮学園に対し、１９９０年度から「義務教育に準ずる教育を実施する各種学校を設置する学校法人に対する補助金」を交付してきたという経緯がある。

しかし、２０１１年度分については、減額どころか全て打ち切られ、以後、大阪府・大阪市による大阪朝鮮学園への補助金はゼロとなってしまったのである。

### (2)大阪府・大阪市による補助金打ち切りの経緯

２０１０年3月12日、橋下徹大阪府知事（当時）は、大阪府下の朝鮮学校2校を視察し、朝鮮学校に対し、大阪府による補助金交付のための「4要件」を提示した。この4要件とは、①総聯と一線を画す、②「北朝鮮指導者」の肖像画を教室から外す、③日本の学習指導要領に準じた教育活動を行う、④学校の財務状況を一般公開するというものであった。この時点では、一般化・抽象化された要件ではなく、上述のとおり「総聯」「北朝鮮指導者」という固有名詞を「要件」として提示していた。

２０１１年3月8日、大阪朝鮮学園は、ホームページにおいて財務情報（財産目録・貸借対照表・資金収支計算書・消費収支決算書）を公開した。その後、２０１１年3月25日、大阪朝鮮学園が4要件を満たしているとして、朝鮮高校を除く初中級学校（小学校・中学校相当）への２０１０年度分補助金が交付された。

また、大阪市との間では、何ら問題が生じることなく、例年どおり２０１０年度の補助金が交付された。

ところがその後、２０１１年9月から始まった大阪府議会等において、一部府議会議員らによる補助金交付（補正予算）に対する強硬な反対論が展開され、府議会教育常任委員会において、肖像画の「教室から撤去」の対象をさらに広げて「職員室の肖像画も撤去するよう」条件の上乗せが要求されるようになった。[12]

（なお、この間、平松邦夫大阪市長の任期満了に伴う選挙に、府知事であった橋下徹が府知事を辞職して鞍替え出馬したため、大阪市長選挙および大阪府知事選挙が２０１１年11月27日に行われた。結果、橋下徹は大阪市長に当選、大阪府知事には、松井一郎が当選した）

その後、翌２０１２年2月20日、大阪府は、私立外国人学校設置者宛に「『大阪府私立外国人学校振興補助金交付要綱』の改正について」と題する文書を発送し、大阪府私立外国人学校振興補助金交付要綱（以下、「大阪府補助金要綱」）を、①日本の学習指導要綱に準じた教育活動を行うこと、②学校の財務情報を一般公開すること、③特定の政治団体と一線を画すこと、④特定の政治指導者の肖像画を、職員室を含む教室から外すことを補助金交付要件とする改正等を予定していることと、同改正は２０１１年度の事業から適用させる旨を通知した。これらの要件は、一見、「私立外国人学校設置者」宛となっており、一般的抽象的な文言が用いられているものの、その標的となっているのが朝鮮学校であることは、これまでの経緯やその内容から明らかであった。

改正された大阪府補助金要綱は次の通りである。ここでは2条のみ摘示する。

> 第2条（補助金の交付対象とする学校法人等）
> 　補助金の交付対象とする学校法人またはその設置する外国人学校は、次の各号のすべてに該当するものとする。
> ①学校法人会計基準（昭和46年文部省令第18号。以下「会計基準」）に準拠した会計処理を行うとともに、財務情報を一般に公開していること
> ②生徒に対する教育活動に一定以上の経費を支出していること
> ③国または他の経常的補助制度の交付対象となっていないこと
> ④当該年度の5月1日に在学する生徒の数が一定以上であること

⑤概ね幼稚園、小学校、中学校及び高等学校の修学年齢に相当する生徒に対し、学校教育法施行規則（昭和22年文部省令第11号）第38条に規定する幼稚園教育要領、同規則第52条に規定する小学校学習指導要領、同規則第74条に規定する中学校学習指導要領または同規則第84条に規定する高等学校学習指導要領に準じた教育をそれぞれ行っていること
⑥私立学校法第35条第1項（同法第64条第5項において準用する場合を含む）に規定する理事および監事が、特定の政治団体（公安調査庁が公表する直近の「内外情勢の回顧と展望」において調査等の対象となっている団体をいう。ただし、政治資金規制法（昭和23年法律第１９４号）第３条第２項に規定する政党を除く。以下同）の役員を兼務していないこと
⑦学校法人が、特定の政治団体への寄附又は特定の政治団体からの寄附の受け入れをしていないこと
⑧特定の政治団体が主催する行事に、学校の教育活動として参加していないこと
⑨政治指導者の肖像画（特定の人間の外観を表現した絵画や写真等をいう）を教室等に掲示していないこと
⑩その他知事が必要と認める事項

同年3月9日、大阪朝鮮学園は、大阪府に対し、２０１１年度分の初中級学校8校分の補助金交付申請を行った。大阪朝鮮学園の申請に不備はなく、改正後の大阪府補助金要綱が求める要件も満たしていたため、２０１１年度についても補助金が交付されると考えていた。

しかし、同月15日、産経新聞が「朝鮮学校生に『正恩氏忠誠』歌劇」と題する記事を掲載した。これは朝鮮学校に通う生徒の一部が、正月に朝鮮を訪問し、新年を祝う公演「迎春公演（ソルマジ公演）」に参加したことに対する記事であった。

大阪府は、大阪朝鮮学園に対し、産経新聞の報道記事の内容を確認する連絡を行ってきた。そして、週が明けた同月19日、大阪府が大阪朝鮮学園に対する２０１１年度の補助金（8校分）を交付しないことを決めたとの報道がなされ、事実、同月29日に大阪府が、そして翌30日に大阪市が、それぞれ補助金を不交付とする決定を行ったのである。

大阪府の補助金不交付決定の理由は、「大阪府要綱2条8号の要件（特定の政治団体が主催する行事への不参加）がないこと」であった。

また、大阪市の補助金不交付決定の理由は、「大阪府の補助金の対象でないため」というものであった。大阪市は、２０１２年3月27日付で大阪市の補助金交付要綱を改訂施行しており、「大阪府の補助金交付の対象となること」という内容を追加していた。そして、その改訂された要綱については、前年4月1日から遡って適用されると定めていたのである。

## ⑶補助金打ち切りの問題点

憲法26条は、教育を受ける権利を保障しているところ、教育や学習は、人間存在の基盤にかかわる重要性をもち、そのことは国籍を問わない。[13] したがって、朝鮮学校に通う生徒たちにも、憲法26条によって教育を受ける権利が当然に保障されている。

また、憲法13条は、個人の人格的生存に不可欠な権利を包括的に保障しているところ、憲法13条には、民族的マイノリティが自己の文化を享有する権利が含まれると解されているのであって、「民族教育を受ける権利」は、憲法13条によって保障されるというべきである。[14] その中でも特に在日朝鮮人の民族教育は、冒頭でも触れた通り、日本による植民地支配の過程で実施された「皇国臣民化教育」により、民族の存在自体を否定された朝鮮人たちが、民族としての存続をかけて実施せざるを得なかった歴史的事業であって、「日韓併合なかりせば、有したであろう民族の言葉や文化を回復する営為」[15] であり、在日朝鮮人の子どもたちが民族的アイデンティティを確立するうえで不可欠なものであって、民族教育を受ける権利は格別の保障が認められなければならない。

もっとも、「民族教育を受ける権利が保障されている」といってみても、民族教育を受けるにあたって多額の費用がかかってしまったり必要な設備や教材等が整わないという事情があれば、当事者が民族教育を選択することは困難となり、結果として民族教育を受けることが困難となってしまう。そこで、権利の実現のため、政府や地方自治体は、積極的に助成を講じ、条件整備を行う義務があるというべきである。

それにもかかわらず、大阪府と大阪市は、大阪朝鮮学園に対し、補助金交付のための要件を唐突に突きつけ、教育の自主性を損ないかねない状況を作り、助成を打ち切り、朝鮮学校に通う生徒たちの民族教育を受ける権利を侵害したのである。

大阪府と大阪市による補助金不交付は、「自主的な教育か金銭か」の二者択一を迫るものであり、補助金の交付・不交付という給付行政を利用した教育活動への介入であり、朝鮮学校に通う子どもたちの民族教育を受ける権利の侵害に他ならない。

また、大阪府補助金要綱では、「学習指導要領に準ずること」が挙げられている。しかし、本来、各種学校は、学習指導要領に準ずる必要などない。学校教育法1条の学校、いわゆる「1条校」は、「日本国民」の教育を目的あるいは前提とした制度であり（教育基本法前文、2条5号、5条1項、学校教育法21条3号等）、その内容および運用として、学習指導要領、検定済み教科書（学校教育法34条、49条、62条参照）、日本国の教員免許（教職員免許法2条および3条参照）等を必須の要素とする。他方で、外国人学校はそもそも「日本国民」の育成を目的としておらず、学習指導要領や検定済み教科書をその前提としていない。外国人学校に対し、学習指導要領に準ずることという要件を求めること自体が誤りなのである。

大阪府および大阪市による各補助金の打ち切りは、朝鮮学校に通う子どもたちの民族教育を受ける権利を侵害しており、また、明らかに朝鮮学校を狙い撃ちにした要件をもって補助金を打ち切っているのであって、違憲・違法であることは明らかである。

さらに、大阪市については、すでに大阪朝鮮学園が補助金交付申請を行った後である、２０１２年３月27日付で補助金交付要綱を改正施行し「大阪府の補助金交付の対象となること」という内容を追加しており、その改正された要綱については、前年４月１日から遡って適用されると定め、遡って不交付の決定をしたものであり、手続的な瑕疵が極めて重大なものであることは明らかであった。

### (4) 裁判闘争へ

２０１２年９月20日、大阪朝鮮学園は、大阪府と大阪市を相手取って訴訟を提起した。訴訟の内容は、①大阪府知事が大阪朝鮮学園に対して２０１２年３月29日付けで行った、２０１１年度大阪府私立外国人学校振興補助金を交付しない旨の処分の取り消しを求める取消訴訟、②①の補助金を交付するよう義務付けることを求める義務付け訴訟、③大阪市長が大阪朝鮮学園に対して２０１２年３月30日付けでした、２０１１年度「義務教育に準ずる教育を実施する各種学校を設置する学校法人に対する補助金」を交付しない旨の処分の取り消しを求める取消訴訟、④③の補助金を交付するよう義務付けることを求める義務付け訴訟等である（請求の内容は他にもあるが詳細は割愛する）。

### ①大阪地裁判決

大阪地裁第7民事部（山田明裁判長）は以下のように述べ、大阪府および大阪市の補助金不交付が適法であると判断した（大阪地判２０１７年1月26日）。

「（原告（学園）は）憲法26条、13条、社会権規約19条（ママ）[16]等の国際人権法、平等原則および後退的措置の禁止等を挙げて、本件大阪府補助金の交付を受ける権利、利益を有している旨を主張する。しかし、憲法26条、13条、社会権規約19条（ママ）等の国際人権基準は具体的な権利を基礎付けるものとはいえず、他の私立学校や各種学校との間に補助金の交付の有無等に差異が生じたとしても、直ちに平等原則に反するものとはいえない」

「補助金の交付の法的性質は贈与であって、被告大阪府は、贈与を受けることができる資格をいかに定めるかについて、教育の振興という行政目的の実現のため一定の裁量を有しているというべきである。（4要件を）交付対象要件として追加して明記したことも、私立学校としての公共性や本件大阪府補助金の経緯や考え方に沿うものとして、上記裁量の範囲内というべきである」

「被告大阪市が大阪市要綱をいかに定めるかについて裁量を有しており、この点は、贈与契約の性質を有する本件大阪市補助金の交付対象としての要件（交付対象要件）についても異なるものとは解されない」

このように、大阪地裁は、朝鮮学校に交付されてきた補助金につき、何十年にわたって継続的に交付してきたその歴史や、その趣旨、さらには朝鮮学校に通う生徒たちの民族教育を受ける権利の具体化であることなどを一切無視し、単なる「贈与」契約であるとしてその性格を矮小化して認定したうえで、贈与する側である大阪府および大阪市に広範な裁量があるとして、不交付を正当化したのである。

**②大阪高裁判決**

訴訟は、控訴審に移行したが、大阪高裁もまた大阪朝鮮学園の声に耳を傾けることはなかった。大阪高裁第9民事部（松田亨裁判長）は次のとおり述べる（大阪高判2018年3月20日）。

「交付要件を満たさないことから、本件大阪府補助金および本件大阪市補助金を交付しないというにすぎず、控訴人の教育活動自体を規律し、制限を加えるものではない。

また、憲法13条は、個人の尊重と生命、自由、幸福追求権の尊重を定めているが、学校法人等の国や地方公共団体から補助金の交付を受ける権利や法的地位を具体的に基礎付けるものではない。さらに、憲法26条は教育を受ける権利を保障しているが、……学校法人等の国や地方公共団体から補助金の交付を受ける権利や法的地位を具体的に基礎付けるものではない。また、控訴人は、本件大阪府補助金および本件大阪市補助金について、補助金の交付を受ける法的権利や補助金の交付申請権を有しないから、本件各不交付が、憲法13条や26条に基づく権利の保障を後退させるものではない」

「本件各不交付は、改正後の大阪府要綱2条8号、改正後の大阪市要綱2項に定める交付要件に該当しないことを理由とするものであり、朝鮮学校の設置運営者や通学する生徒、保護者という社会的身分により別異の取扱いをするものではない」

つまり、大阪高裁は、単に朝鮮学校が要件に該当しなかったため、結果として異なる取り扱いとなったにすぎないという理屈で行政の判断を正当とした。しかし、そもそも前述のとおり、大阪朝鮮学園が突きつけられた要件は、朝鮮や総聯とつながりがあるという理由で補助金交付の対象にしないという狙い撃ちであることは明らかである。そうである以上、補助金不交付は、実質的には、朝鮮学校であることを理由にした差別である。そのような差別に正当性が認められる余地はない。

### ③最高決

大阪朝鮮学園は上告したものの、最高裁は２０１８年11月28日上告を棄却し、上告審として受理しない決定を行った。その具体的な理由は何ら示されておらず、到底納得できるものではなかった。

弁護団は、２０１８年12月20日、弁護団声明を発表し、「このような判決の内容、また司法府の姿勢は、差別に加担、あるいは差別を助長し、被害者をさらに傷付けるものであることに思いを致していないものであり、極めて不当である。また、裁判所は学校現場を訪れもせず、最高裁に至っては誰の声すら聞かずに決定を行ったもので、官僚司法そのものであると言わざるを得ない」と強く抗議した。

### (5)日本の市民たちと手を取り合い闘った裁判

訴訟は、6年以上にわたって行われたが、決して、弁護団の力だけで闘ったのではない。弁護団・大阪朝鮮学園、生徒、保護者、そして、日本市民の有志たちで結成された「無償化連絡会・大阪」の力を全て合わせて闘ってきた。「無償化連絡会・大阪」は、毎週火曜日の正午、大阪府庁前で、朝鮮学校への補助金交付再開と朝鮮高校「無償化」適用を訴える「火曜日行動」を続けてきた。「火曜日行動」は6年以上にわたって続けられ、その回数は実に2019年7月2日現在349回を迎えている。6年以上もの間、休むことなく続けられてきた「火曜日行動」には、朝鮮学校に通う子どもたちや卒業生たちだけでなく日本人有志も参加してきた。また、韓国の支援者たちも海をわたって府庁前に駆けつけてくれたこともあった。道行く人々に朝鮮学校への補助金再開を訴えるチラシを配布し、マイクでアピールをし、子どもたちの民族教育を受ける権利を勝ち取ろうと、現在も毎週欠かさずアピールを続けている。

この火曜日行動の姿は、詩になり歌になった。

【大阪火曜日行動の歌】この坂を上れば　作：許玉汝《ホオンニョ》

1．この坂を上れば　希望が見えると信じ
雨の日も風吹く日にも　私は向かうの
火曜日の正午　そこにはきっと
あなたが　あなたが　待っている
早くおいでと　手を振りながら
子どもたちの笑顔　うばわないで
心のふるさとウリハッキョ守ろうと
今日も　果てしない坂道上る

2．この坂を上れば　未来が見えると信じ
暑くても木枯らし吹いても　僕らは向かうの
火曜日の正午　そこにはきっと
あなたが　あなたが　待っている
早くおいでと　手を振りながら
苦しいとき　いつも笑顔をくれた
心の友よ　あなたと共に　手を繋ぎ
今日も　果てしない坂道上る

訴訟自体は終結してしまったが、現在も、毎週火曜日、大阪府庁前での火曜日行動は終わることなく続けられており、当事者たちは、補助金の打ち切りに屈することなく声を上げ続けている。学校閉鎖令の歴史を繰り返すかのような状況に、大阪の在日本朝鮮人や支援者たちは、子どもたちのために立ち上がり「今日の4・24教育闘争」を闘っているのである。

朝鮮学校の歴史的経緯、また、朝鮮学校が地域社会に根付いて民族教育を実施する場である実態に鑑み、補助金交付は早期に再開されるべきである。

（金星姫・任真赫）

【注】

1）総聯ホームページ参照。

2）在日韓人歴史資料館編『写真でみる在日コリアンの100年―在日韓人歴史資料館図録』明石書店86頁

3）巻末資料224頁参照

4）巻末資料225頁参照

5）巻末資料227～226頁参照

6）巻末資料229～228頁参照

7）巻末資料231～230頁参照

8）各種学校とは、学校教育法第1条に掲げる学校（いわゆる「1条校」）以外のもので、学校教育に類する教育を行うもの（専修学校の教育を行うものを除く）を指す（学校教育法134条）。各種学校の認可権者は、公立各種学校については都道府県の教育委員会、私立の各種学校については都道府県知事である（学校教育法134条2項）。

9）「北朝鮮に厳しい制裁を――自民党拉致問題対策本部会合（2016/01/15）」北朝鮮に拉致された日本人を救出するための全国協議会ホームページ

10）馳浩文部科学大臣記者会見録（2016年2月19日）文科省ホームページ

11）馳浩文部科学大臣記者会見録（2016年3月29日）文科省ホームページ

12）「大阪府平成23年9月定例会教育常任委員会会議録」参照。

13）成嶋隆「鑑定意見書」（2016年7月8日、高校無償化大阪訴訟意見書）

14）二風谷事件（札幌地判1997年3月27日）

15）田中宏「在日外国人の民族教育権に関する一考察」（龍谷大学経済学論集45（5）、2006年3月）

16）正しくは、社会権規約13条である。19条だと内容が文脈と沿わないということに気づかずそのまま判決文となっていることから、裁判所がいかに国際条約について眼中にないか、また、憲法の条約遵守義務を忘れ去っているか、その姿勢が如実に表れていると言える。

コラム1

## 幼保無償化からも排除された朝鮮学校

2019年10月１日から幼児教育・保育の無償化（幼保無償化）がはじまりました。これは、日本政府が人生100年時代において全ての者が活躍できる社会を目指すための「人づくり革命」の一環として打ち上げた政策で、３歳から５歳までの全ての子どもたちの幼稚園や保育所の費用を無償にすることを基本とするものです。

無償化は、幼稚園、保育園、認定こども園に通う子どもに加えて、保育の必要性があると認定された子どもについては認可外の保育園、幼稚園の預かり保育、ベビーホテル、ベビーシッターを利用する者についても上限額の違いはあるものの、その対象となりました。育児の実態がその家庭によって様々となっている点を考慮し、無償化の対象となる子どもを極端に限定せず、比較的広くしたといえます。

しかしながら、この制度から、唯一、各種学校だけが外されてしまいました。

各種学校として存在する幼児教育施設（幼稚園）は、全国に88あると言われています。それらは、主に外国人の幼児が通う施設です。インターナショナルスクール、ブラジル学校、中華学校などがあり、もちろん朝鮮学校も含まれています。数としては朝鮮学校が一番多く、40に上ります。幼稚園､保育園などの幼児が通う施設は日本国内に５万5000ほどありますが、日本政府は、このうちわずか88の施設のみを対象外としたのです。

その理由は、日本政府によると「幼児教育を含む個別の教育に関する基準はなく、多種多様な教育を行っているため」とのことです。

しかし、これは、次の点から到底納得できるものではありません。

幼保無償化を定める「子ども・子育て支援法」は、無償化の目的として「一人一人の子どもが健やかに成長することができる社会の実現に寄与する」（１条）としています。また、その基本理念について、支援の内容・水準は「全ての子どもが健やかに成長」するための良質かつ適切で、保護者の経済的負担の軽減に配慮されたものでなければならないと定められています（2条）。教育内容で差を設けることが、法律の目的、理念に沿うものとは思えません。

また、各種学校の幼稚園も幼児を保育している実態はあるのですから、各種学校だけが除外されるのは、認可外の保育所やベビーシッターなどの多種多様な保育を行うものが対象となることと比較しても不合理です。この点、制度上、各種学校であっても認可外の保育所として届け出れば無償化の対象になるとされています。しかし、日本政府は、最近になって、各種学校が各種学校の地位を維持したまま届出をすることはできないとの見解を示し、届出を受理する市区町村役場にこれを受け付けないよう指導しています。法律上、このようなことを規定する条文は無く、実際に幼保無償化が始まるまで各種学校でありながら届出をしていた施設はありましたし、都内の朝鮮学校が届出を提出したところ一度は受理されています。

これまでの見解を変えてまで各種学校を排除しようとする日本政府の姿勢は、歴史的に民族教育を積極的に認めてこなかった流れに沿うもので、たとえ幼児教育であっても日本が定めた教育以外は認めないという「同質性」の強要ともいえます。明らかに、多文化共生の理念とは逆行するものです。

日本国・政府は、このような批判に耳を傾け、文字通り「全ての子ども」が無償化の対象となるよう一日も早い法改正をすべきです。

（金英功）

# 第４章　ヘイトスピーチによる人権侵害
## ――京都における被害の状況と対抗運動

本章は、筆者が現在弁護士登録をしている京都府下におけるヘイトスピーチ被害の状況を、「本邦外出身者に対する不当な差別的言動の解消に向けた取組の推進に関する法律」（以下「解消法」）施行前と施行後のヘイトデモ・街宣の件数等の比較を中心として概観したうえで、この間の京都府下におけるヘイトスピーチへの対抗運動の状況について確認し、今後の課題について検討するものである。

ヘイトスピーチとは、論者によって様々な定義があるが、師岡康子弁護士の定義によれば、「広義では、人種、民族、国籍、性などの属性を有するマイノリティの集団もしくは個人に対し、その属性を理由とする差別的表現」とされる。[1] 師岡が、ヘイトスピーチの「中核にある本質的な部分は、マイノリティに対する『差別、敵意又は暴力の煽動』（自由権規約20条）、『差別のあらゆる煽動』（人種差別撤廃条約４条本文）であり、表現による暴力、攻撃、迫害である」と指摘している通り、[2] ヘイトスピーチは、単なる突発的な表現行為ではなく、マイノリティへの差別、敵意の発露である。そして、このような差別や敵意についても、何もないところから突然醸成されるものではなく、①マイノリティへの悪意のない偏見や先入観から始まり、それが社会に浸透していくことで、②偏見や先入観に基づく行為（冗談、噂、ステレオタイプ、敵意の表明、配慮を欠いたコメントや、誹謗中傷、意図的な差別表現）につながっていくものである。そして、このような偏見や先入観に基づく行為が増えるなかで、③制度的な差別行為（住居差別、教育差別、就職差別等）、④暴力行為（殺人、強姦、暴行、脅迫、放火、器物損壊等）につながっていき、ひいては、⑤ジェノサイド（意図的・制度的な民族の抹殺）にまでつながってしまうという性質を持つものであり、非常に深刻かつ重大な結果をもたらしうる問題なのである。[3]

ヘイトスピーチの問題は、２００９年12月４日、京都朝鮮第一初級学校襲撃事件が発生したことをきっかけに、２０１３年末に、「ヘイトスピーチ」が流行語大賞のベストテンに入るなどして、広く社会に周知されていったため、日本社会においては、ヘイトスピーチの問題が、「一部の過激な連中が突発的に起こしている問題」であるといった認識に陥りがちである。しかし、在日朝鮮人に対するヘイトスピーチは、ここ数年の間に発生した新しい問題、一部の過激な連中が起こしている問題では全くなく、日本国、日本政府が、朝鮮に対する植民地支配責任を直視せず、むしろ積極的に隠蔽、抹消しようとしてきたことによる帰結であり、今も継続する植民地主義に根源を有する、根深い差別の問題、朝鮮人、朝鮮民族の尊厳に関わる歴史的な問題である。関東大震災時の朝鮮人大虐殺が、まさに偏見や差別が虐殺にまで発展した顕著な例であり、京都朝鮮第一初級学校襲撃事件も、偏見や差別が暴力行為につながった例であるということを考えれば、このことは明白である。ヘイトスピーチへ対抗していくためには、常にこの点を念頭に置いておかなければならない。

## 1．京都朝鮮第一初級学校襲撃事件

京都府下におけるヘイトスピーチ被害といえば、まず想起されるのは、前記の京都朝鮮第一初級学校襲撃事件である。同事件は、在特会・「主権回復を目指す会」・「チーム関西」に所属する人物らが、２００９年12月から２０１０年３月の間に、３回にわたって京都朝鮮第一初級学校（当時）周辺で「朝鮮学校を日本からたたき出せ」、「スパイの子ども」などと拡声器で喚き散らすなどの差別的言動を繰り返し、授業を妨害するなどした事件である。同事件において、在特会の構成員らは、刑事事件として侮辱罪・威力業務妨害罪・器物損壊罪について執行猶予付の有罪判決を受けたほか、２０１３年10月には、朝鮮学校側が提訴した民事訴訟において、在特会の構成員らの行為が、人種差別撤廃条約の定める人種差別に当たり、表現の自由の保障の範囲外であると明確に認定され、約１２００万円の損害賠償と校門から２００メートル以内での街宣を禁止する京都地裁の判決が下された（２０１４年７月８日、高裁においても朝鮮学校側が勝訴し、２０１４年12月９日、最高裁が在特会側の上告を棄却し、確定した）。同判決は、マスメディアでも大きく報道された他、２０１３年末には、「ヘイトスピーチ」が流行語大賞のベストテンに入るなど、ヘイトスピーチの問題が、広く社会に周知される大きなきっかけとなった。

同訴訟における判決の評価についてはすでに多数の文献において言及されているため、本章において詳述することはしないが、概ねの評価は一致している。肯定的な評価としては、①人種差別撤廃条約を適用し[4]、本件で行われた行為が人種差別であると明確に判断したこと、②本件の被害の実態、深刻な影響が無形損害（精神的苦痛など目に見えない金銭に見積もることが容易でない損害）として考慮され、1200万円を超える金額の損害賠償が認められたこと、③生徒たちの安全確保に資する、新設された京都朝鮮初級学校周辺半径200メートル以内での街宣の差し止めが認められたことが挙げられている。否定的な評価としては、①民族教育権について明示的な言及がなかったこと、②原告弁護団が詳細に主張したヘイト被害の特性について言及されていないこと等が挙げられている。[5]

否定的な評価もあるものの、同判決が、解消法の制定およびヘイトスピーチを許さない社会的潮流の醸成という大きな流れを作り出した意味では、その歴史的意義は大きいといえる。では、同判決以後に制定された解消法施行前と施行後では、ヘイトスピーチの件数等に変化はあったのか。以下、2において確認する。

## 2．解消法施行前後のヘイトデモ・街宣

### 1）解消法の公布・施行

2016年6月3日、解消法が公布・施行された。同法は、前文において、「我が国においては、近年、本邦の域外にある国又は地域の出身であることを理由として、適法に居住するその出身者又はその子孫を、我が国の地域社会から排除することを煽動する不当な差別的言動が行われ、その出身者又はその子孫が多大な苦痛を強いられるとともに、当該地域社会に深刻な亀裂を生じさせている。もとより、このような不当な差別的言動はあってはならず、こうした事態をこのまま看過することは、国際社会において我が国の占める地位に照らしても、ふさわしいものではない。ここに、このような不当な差別的言動は許されないことを宣言するとともに、更なる人権教育と人権啓発などを通じて、国民に周知を図り、その理解と協力を得つつ、不当な差別的言動の解消に向けた取組を推進すべく、この法律を制定する」としつつ、法制定の目的（1条）、「本邦外出身者に対する不当な差別的言動」の定義（2条）、基本理念（3条）、国及び地方公共団体の責務（4条）について定めるとともに、相談体制の整備、教育の充実等、啓発活動等について国や地方公共団体が行うべき取組について定めている（5条～7条）。

以下では、京都府下におけるヘイトスピーチ被害の状況について、その実態が明確に把握しうるデモ・街宣（以下「ヘイトデモ・街宣」）の件数等を、解消法施行前後で比較することによって、京都府下におけるヘイトスピーチ被害の状況を概観する。[6)7)]

なお、本章においては、あるデモや街宣がヘイトスピーチに該当するかどうかについては、法務省が、解消法2条の「本邦外出身者に対する不当な差別的言動」の具体例として挙げている3分類（①特定の民族や国籍に属する集団を一律に排斥する内容、②特定の民族や国籍に属する集団の生命、身体等に危害を加えるとする内容、③特定の民族や国籍に属する集団を蔑称で呼ぶなど、ことさらに誹謗中傷する内容）に該当するか否かを基準として判断することとする。[8)]

## 2）ヘイトデモ・街宣の件数

日本全国におけるヘイトデモ・街宣等のヘイト行動を記録しているウェブサイト「レイシズム監視情報保管庫」等では、2012年4月から2018年5月までのヘイトデモ・街宣が記録されており、[9)] これらのサイトを参考に、動画や画像等、京都府下においてヘイトデモ・街宣が行われたことが明らかとなる根拠資料が存在するものを整理すると、以下のとおりとなる。[10)]

### (1) 解消法施行前

京都府下において解消法施行前までに実際に行われた各年度のヘイトデモ・街宣の件数及び具体的なヘイト表現の一例は、以下の通りである。

▽２０１２年（４～12月）

：３件（デモ２件、街宣１件）。「韓国人は韓国に帰って下さい」等。

▽２０１３年

：13件（デモ３件、街宣10件。この他、１件は中止）。「ゴミはゴミ箱に朝鮮人は朝鮮半島に」、「朝鮮人はゴキブリ」等。

▽２０１４年

：９件（デモ２件、街宣７件）。「日本国民の血税にたかる在日韓国・朝鮮人は半島に帰れ、日本から出てい

排外主義団体によるヘイトデモ（埼玉・蕨市、2010年4月）

け」、「ゴミチョンコ帰れ」、「朝鮮人を叩き出せ」、「貴様ら朝鮮人は人間じゃねえ」等

▽2015年

：12件（デモ1件、街宣11件）。「日本が嫌いならさっさと出ていけばいいんですよ」、「朝鮮人出て行け、はよ」、「不逞鮮人　国外追放」等

▽2016年（1〜5月）

：2件（デモ1件、街宣1件）。「同胞愛に満ち溢れた祖国に帰れ」、「北朝鮮の出先機関である総聯、あとね、スパイ養成機関である朝鮮学校を、日本から一刻も早く叩き出さないといけないんですよ」等

## (2)解消法施行後

京都府下における解消法施行後の、各年度のヘイトデモ・街宣の件数は、以下の通りである。

▽2016年（6〜12月）

：7件（デモ1件、街宣6件）。「朝鮮人は朝鮮半島に帰ってもらったらいいんですよ」等

▽2017年

：11件（デモ1、街宣10）。「在日のチョンコ」、「この不逞在日朝鮮人を日本から叩き出さなくてはなりません」、「乞食です」等

▽2018年（1〜4月）

：2件（街宣2）。「京都では不逞鮮人のことをチョンコといいます」、「外国人のための社会保険では全くありません、生活保護も、外国人のための生活保護では全くありません。日本語が話せない、仕事がないというのならば、とっとと帰ればいいんです。とっとと日本から出ていけばいいんです」等

### (3) 小括

前記の、解消法施行前と施行後のヘイトデモ・街宣の件数を見ると、そもそも、件数自体は年ごとにばらつきが見られるが、解消法施行後の2016年6月以降も、半年で7件のヘイトデモ・街宣が行われているし、2017年には、12件のヘイトデモ・街宣が行われている。2018年は、脚注9（167頁）で引用したインターネットサイト上で把握できる範囲では、4月時点では2件にとどまっているが、後述する通り、「日本第一党京都府本部」を名乗る団体による政党活動、街頭演説を騙った差別的言動は数多く行われており、今後の動向を注視する必要がある。

## 3）ヘイトデモ・街宣を行う主体

各年ごとに、ヘイトデモ・街宣を行った主体について統計をとると、以下のとおりである（支

部が存在する団体については、各支部を同一主体として統計をとっている）。
▽２０１２年（4～12月）
３回：１団体
２回：２団体
１回：在特会その他17団体
▽２０１３年
９回：在特会、その他１団体
４回：２団体
３回：３団体
２回：１団体
１回：10団体、１個人
▽２０１４年
３回：在特会、その他１団体
２回：６団体
１回：５団体、１個人
▽２０１５年
５回：日本京津会

2回：在特会
1回：5団体、1個人
▽2016年
6回：日本京津会
1回：1団体、2個人
▽2017年
6回：日本第一党
2回：日本京津会
1回：1団体、1個人
▽2018年
1回：日本第一党、3個人

以上をもとに、ヘイトデモ・街宣の主体について、解消法施行前・施行後で違いがあるかについてみると、解消法施行前は、特に2014年までは、在特会を中心に、多くの団体が、ヘイトデモ・街宣を行っていたのに対し、2015年以降、少しずつ、ヘイトデモ・街宣を行う主体が減少していっていることが伺える。[11]

2015年からは、日本京津会の活動が活発化し、2017年からは、2016年9月に設立されたという日本第一党の活動が多くなされていることがわかる。日本京津会は、2018

年には活動が見られず、同会において活動していた者のブログによれば、現在活動を停止しているようである。そのため、2018年に入ってからは、ヘイトデモ・街宣に関して言えば、日本第一党京都府本部の活動が目立つ状態となっている。

日本第一党は、ヘイトデモ・街宣を繰り返してきた在特会の幹部が作った団体である。表向きは「政党」という形を取っているものの、「我が党は日本第一主義［ジャパンファースト］を掲げる唯一の政党です。日本の国益を守り、日本人に寄り添った政策を実行します」と掲げ、発表されている「政策」も、「外国人の国民健康保険への加入制限」、「外国人への生活保護費の支給停止」、「日韓慰安婦合意の破棄」、「移民受け入れの即時中止」等、排外主義にまみれたものが並んでいる。中には、「朝鮮総連を解散し、朝鮮学校への補助金支給に断固反対します」と、総聯および朝鮮学校を名指しにしたものも含まれる。実際の街宣活動においても、「外国人のための社会保険では全くありません、生活保護も、外国人のための生活保護では全くありません。日本語が話せない、仕事がないというのならば、とっとと帰ればいいんです。とっとと日本から出ていけばいいんです」（2018年4月22日の街宣）といったヘイトスピーチを公衆の場で垂れ流している、およそ政党と呼ぶに値しない排外主義団体である。[12]

## 4）ヘイトデモ・街宣が行われた場所

各年ごとに、ヘイトデモ・街宣を行った場所について統計をとると、以下のとおりである。

▽２０１２年
駅前：１件
公園：２件（１件は京都市内の繁華街をデモ行進したもの）
▽２０１３年
駅前：３件
繁華街付近：８件
オフィス街付近：１件
在日朝鮮人集住地区（ウトロ）付近：１件
▽２０１４年
駅前：３件
繁華街付近：４件
在日朝鮮人集住地区（ウトロ）付近：１件
その他：１件
▽２０１５年
駅前：６件
繁華街付近：４件

朝日新聞京都総局前：１件
宇治市役所前：１件
▽２０１６年
駅前：５件
繁華街付近：２件
総聯京都府本部前：１件
朝日新聞京都総局前：１件
▽２０１７年
駅前：４件
繁華街付近：１件
総聯京都府本部前：４件
京都市役所前：２件
▽２０１８年（１〜４月）
駅前：１件
総聯京都府本部前：１件

以上について検討すると、駅前や繁華街付近等、人々の耳目を集めやすい場所については、年度を問わずヘイトデモ・街宣が行われる場所として選択されている。２０１２年から２０１

５年にかけては、在日朝鮮人集住地区であるウトロ地区付近でのヘイトデモ・街宣が行われていたが、２０１６年以降は行われていないことがわかる。２０１７年から２０１８年にかけては、日本第一党京都府本部に所属する者らにより、総聯京都府本部前でのヘイト街宣が複数回行われている（いずれも「この不逞在日朝鮮人を日本から叩き出さなくてはなりません」、「お前らウジ虫か、日本の税金で助けてもろて、そのお札がミサイルか」等、明らかに差別的言動に当たるヘイトスピーチが堂々と行われている）が、それ以降は、同場所でのヘイト街宣は行われていないようである。その理由としては、解消法施行以後、ヘイトスピーチに反対する社会的な意識が醸成されてきていること等が考えられる。

## ３．ヘイトスピーチへの対抗運動と自治体における対策

前項において、解消法施行前・施行後における京都府下におけるヘイトデモ・街宣の件数等の比較検討を行った。本項では、この間に行われた市民団体によるヘイトスピーチへの対抗運動や自治体における対策はどのような状況であったかについて確認していきたい。

### ⑴京都府・京都市に有効なヘイトスピーチ対策の推進を求める会の活動

京都府下におけるヘイトスピーチへの対抗運動として、２０１５年３月に発足した京都府・

京都市に有効なヘイトスピーチ対策の推進を求める会（以下「求める会」）による活動が挙げられる。[13] 同会は、京都朝鮮第一初級学校襲撃事件の弁護団員であった冨増四季弁護士および上瀧浩子弁護士、事件当時子どもを京都朝鮮第一初級学校に通わせていた刑法学者の金尚均、朝鮮近現代史等を専門とする社会学者の板垣竜太を共同代表とする会であり、筆者も弁護士として活動をはじめた2016年より同会に加入した。

主な活動としては、①京都府・市に対しヘイトスピーチ対策の実施を求める市民の要請書の提出（発足当初から2015年10月までに4459筆の署名簿を提出）、②京都府・市との意見交換会（署名運動を背景としつつ、府・市の担当者と対策を推進するための懇談を行った）、③地方議員への働きかけ（2015年4月の統一地方選に際した候補者アンケートの実施、府議会・市議会における自民・公明・民主・維新などの各会派の議員との政策懇談会の実施等）、④条例案の作成（大阪市の条例案についての公開学習討論会（2015年5月）、京都における対策案を市民参加型で考えるワークショップ（2015年7月）などを経て、条例案を作成して討論したこと（2016年3月））などが挙げられる。

これらの活動も影響し、(2)で後述する通り、京都府が人権問題に関する特別の相談窓口を設け、府市共に公共施設利用のガイドライン等を策定・実施するなどの成果が得られ、今後は、これらの充実や更に有効な施策の推進を図っていく段階となった。求める会は、発足時から「京都府・市が評価するに足る施策を実施した段階で、その後の運動や組織のあり方を再構築することをもって、一つの区切りとする」としていた。そのため、２０１８年６月以降、求める会を発展させ、「ヘイトスピーチ対策委員会（金尚均・上瀧浩子共同代表）」と「レイシズム対策委員会（板垣竜太・冨増四季共同代表）」（いずれも仮称）及び「アンチレイシズム京都連絡会（板垣竜太・金尚均・上瀧浩子・冨増四季共同代表）」の体制に再構築し、相互に連携を図りながら、運動を進めていくこととなった。

### ⑵自治体における取り組み

#### ①相談体制、啓発活動等

京都府人権啓発推進室が相談窓口を設置している。京都弁護士会と連携して、研修を受けた弁護士による無料法律相談を行う。①同和地区関係、②外国籍・国外出身（その子孫を含む）、③ＬＧＢＴ、④その他の人たちを対象として、結婚差別、就職差別、サービスの利用における差別、特定人に対するヘイトスピーチ（不当な差別的言動）、インターネットによる差別、その他についての相談に対応している。２０１７年７月に発足し、２０１８年３月までは、「差別などの人権侵害に関する特設法律相談」という名称で、京都府庁（月２回）、宇治総合庁舎（月１回）、舞鶴総合庁舎（月１回）のいずれかで相談に応じる体制をとっていた。その後、さらに広く相談窓口を利用しやすくするため、２０１８年４月からは「人権問題法律相談～京都府人権リーガルレスキュー隊～」と名称を変更した。相談体制も変更し、面談相談（昼間）として、京都府庁（月1回）、各広域振興局総合庁舎巡回（宇治、亀岡、舞鶴、峰山）（併せて月1回）を行うと共に、京都弁護士会京都駅前法律相談センター（月1回）での面談相談（夜間）及び電話相談（月2回）を新たに実施している。

2017年3月にはヘイトスピーチとは何なのか、どこに問題があるのか、ヘイトスピーチをなくすために何ができるのかを考えてもらうための説明資料、啓発冊子である「ヘイトスピーチと人権」が作成されている。同冊子は、これまでヘイトスピーチという用語は知っていても中身をよく把握していなかったという人にも理解しやすい内容となっているため、一読をお薦めする。

**②京都府・京都市の取り組み――公共施設の使用制限**

京都府のその他のヘイトスピーチ解消に向けた取り組みとしては、2018年3月に策定された「公の施設等におけるヘイトスピーチ防止のための使用手続に関するガイドライン」（以下「京都府ガイドライン」）がある。

※　京都府ガイドラインの策定を受けて、2018年6月、「ヘイトスピーチ解消法を踏まえた京都市の公の施設等の使用手続に関するガイドライン」（以下「京都市ガイドライン」）が策定されている。京都市ガイドラインの内容は、若干の違いはあるものの概ね京都府と同様であるため、紙幅の関係上、京都市ガイドラインについての評価は割愛する。

京都府ガイドラインの主な内容は、次の通りである。

（ア）解消法2条に規定する「本邦外出身者に対する不当な差別的言動」が行われることが、客観的な事実に照らし、具体的に明らかに予測される場合

（イ）「不当な差別的言動」が行われる蓋然性が高いことによる紛争のおそれがあり、施設管理上支障が生じるとの事態が、客観的な事実に照らし、具体的に明らかに予測され、警察の警備等によってもなお混乱を防止できないことが見込まれるなど特別な事情がある場合

のいずれかに該当する場合は、①使用の不承認又は不許可、②承認又は許可の取り消し、③条件付き承認（ⅰ　このガイドラインによる「不当な差別的言動」を行わないこと、ⅱ　ⅰの条件に違反することが、客観的な事実に照らし、具体的に明らかに予測される場合は、承認または許可を取り消すことがあることを条件とすることができる）のいずれかの対応をとることができる。

同ガイドラインは、先行して制定されていた川崎市のガイドライン[14]に次いで、京都府として、公の施設においてヘイトスピーチをさせないという姿勢を明確に打ち出したことは評価できる。冒頭の策定趣旨においては、憲法や人種差別撤廃条約等の国際人権条約に言及されておらず不十分であるものの、解消法を受けて、地方公共団体が不当な差別的言動そのものを承認又は許可したと解されることのないように、京都朝鮮第一初級学校襲撃事件が起きたという地域の実情に応じた施策として策定されたものであり、評価されるべきである。

次に、使用制限の要件について、川崎市のガイドラインとは異なり、（ア）と（イ）を「かつ」でなく「いずれか」とすることにより、混乱防止ができない可能性を考慮せずとも「不当な差別的言動」が具体的に予測できる場合に不承認等や承認等の取り消しができるようにしたことは適切である。

さらに、条件付承認等として、不特定多数の者が参加可能な集会等に使用する場合には「不当な差別的言動」を行わないことという条件を付けることとしている点は、使用制限の要件該当性を検討せずとも公の施設を使用する際の当然の条件として一律に付けるものであり、適切な運用である。

他方、そもそも制限の対象となる「不当な差別的言動」の定義について解消法2条の規定のみを引用する形としたことは、同条の規定する「本邦外出身者に対する不当な差別的言動」以外のものであればいかなる差別的言動であっても許されるとの理解は誤りである旨の同法の衆参両議院での附帯決議を踏まえないものであり、対象として狭すぎる点が問題である。

また、（イ）を要件としたことについて見ると、本来、できる限り広く公の施設の使用を認める方向で働くはずの要件を、差別的言動が公の施設で行われることを防ぐために、公の施設の使用を制限しようとする場面での要件とすることは、矛盾するものであって、妥当ではない。

とはいえ、全体としては、このようなガイドラインにより「不当な差別的言動」をさせないための使用制限をする際の具体的な要件や手順が定められることによって、公の施設において実際に差別的言動をさせないための第一歩となるものであり、今後、具体的な運用を通じて適切に使用制限されることが期待される。

### (3)在特会元幹部の名誉毀損罪での起訴の実現

２０１７年4月23日、京都朝鮮第一初級学校襲撃事件の際に実行犯として威力業務妨害罪と侮辱罪で有罪判決を受けた在特会の元幹部が、学校があった同じ場所で、拡声器を用いて、「ここにね、日本人を拉致した朝鮮学校があった」「この朝鮮学校は日本人を拉致しております」「この……横に、その拉致した実行犯のいる朝鮮学校がありました」などと述べ、その様子を動画で撮影してインターネット上にアップロードするという行為を行った。

京都朝鮮第一初級学校襲撃事件で弁護団に参加していた複数の弁護士は、すぐに再結集し、刑事告訴に向けて動き出し、短い期間の中で会議を重ね、告訴事実の絞り込み、検察官に名誉毀損罪として起訴してもらうための方策等の検討を行った（筆者も弁護団として参加した）。２０１７年6月に告訴状を提出し、検察官らとも直接折衝し、名誉毀損で起訴するように働きかけた。この結果、すでに多くの報道機関でも報道された通り、２０１８年4月20日付で、京都地方検察庁が、初めてヘイトスピーチを名誉毀損罪で起訴するに至った。

弁護団が、京都朝鮮第一初級学校襲撃事件の際の起訴罪名である侮辱罪ではなく、名誉毀損罪での起訴を強く求めたのは、侮辱罪の法定刑が拘留または科料であり、刑法典で規定されている犯罪において最も軽いのに対し、名誉毀損罪が、3年以下の懲役もしくは禁錮または50万円以下の罰金と、侮辱罪に比較して重い法定刑が定められており、名誉毀損罪で起訴されることにより、被疑者の行為の違法性・重大性をより明らかにできるとともに、今後のヘイトスピーチへの抑制効果がより期待できるからである。

京都朝鮮第一初級学校襲撃事件と今回の行為とを比べると、発言内容や行為態様としては、むしろ前回の方が悪質な面もあったが、今回、より重い名誉毀損罪が適用されたのは、京都朝鮮第一初級学校襲撃事件以降、解消法の制定等を受け、ヘイトスピーチの存在やその被害の重大さなどについて認識が深まったことが影響しているといえる。今回、検察が名誉毀損罪を適用してヘイトスピーチに対する厳しい姿勢を示したことは、こうした変化をさらに後押しするとともに、今後のヘイトスピーチを抑止する効果につながるものである。

このように、京都においては、京都朝鮮第一初級学校襲撃事件の経験を踏まえ、ヘイトスピーチが発生した際に迅速に弁護団が集結し、法的措置を取るために活動を進めていく土壌が確保できているといえる。

## 4. 今後の課題

ヘイトスピーチへの対応に関する今後の課題はまだまだ山積しているが、特に京都においては、前記の日本第一党京都府本部による街宣、ポスティング等の活動が目立つ状況であり、これらに対する対応を検討していく必要がある。京都朝鮮第一初級学校襲撃事件と異なるのは、日本第一党は、一応は「政党」の体裁を取りつつ、「政策の提言」という形でヘイトスピーチを行っているということである。中には、解消法の定義では「差別的言動」には当たらないものの、発言の実質的な中身としては、「日本人」と「外国人」を分離し、後者を徹底的に排除する内容のものも含まれている。政党における政策の提言、選挙活動の一環と銘打って行われる言論に対する、差し止めや街宣の中止、事後的な処罰等の法的措置の可能性の検討は、今後しっかりと行っていく必要があると思われる。

これに関連して、２０１９年3月12日には、法務省人権擁護局調査救済課補佐官より、全国の法務局に対し、選挙運動等として不当な差別的言動等が行われたからといって、直ちにその言動の違法性が否定されるものではなく、選挙運動等を利用した不当な差別的言動その他の言動により人権を侵害されたとする被害申告等があった場合には、その言動が選挙運動等として行われていることのみをもって安易に人権侵犯性を否定することなく、その内容、態様等十分吟味して、人権侵犯性の有無を総合的かつ適切に判断の上対応するよう求める通知が出されている。[15] また、警察庁も、同月28日付で、選挙運動であっても差別的言動の違法性が直ちに否定されるものではなく、虚偽事項の公表や選挙の自由妨害など刑事事件として取り上げるべきものがあれば適切に対処すること、各都道府県の法務局などと連携する等の内容を、全国の都道府県警に通知している。今後は、各通知に基づいた適切な対応が取られるよう、各地方の法務局や警察庁に申し入れを行ったり、協議を深めていくことも重要である。

また、2019年3月9日、京都市東山区の円山公園から四条通、河原町通を経て京都市役所まで、京都朝鮮第一初級学校襲撃事件の10周年を「祝う」と称して、同事件の実効グループであった者1名（以下「デモ参加者」）により、在日朝鮮人を地域社会から排除することを扇動するヘイトデモが行われた。デモ参加者は、観光客や買い物客で賑わう週末の繁華街で、拡声器を用いて、「半チョッパリ（在日朝鮮人を侮蔑する呼称）は、地上の楽園北朝鮮に帰れ」、「ゴミはゴミ箱に、朝鮮人は朝鮮半島に」、「公園泥棒民族、子どもたちに謝れ」などと連呼し、解消法2条の「不当な差別的言動」に該当する明らかなヘイトスピーチを行ったが、京都府警は、警察官を大規模動員したにもかかわらずデモ参加者に対してヘイトスピーチをやめるように告知、警告する等の指示を行うことなく静観した（むしろ、デモ参加者を取り囲むようにして、デモが遂行されることを援助したともいえる）。警察庁は、解消法の施行日である2016年6月3日、各都道府県警察に対し、同法の趣旨を踏まえ、警察職員に対する教養を推進するとともに、法を所管する法務省から各種広報啓発活動等への協力依頼があった場合には、これに積極的に対応するほか、いわゆるヘイトスピーチといわれる言動やこれに伴う活動について違法行為を認知した際には厳正に対処するなどにより、不当な差別的言動の解消に向けた取り組みに寄与することを要請する旨の通達を発していた。[16] それにもかかわらず、前記のように、京都府警が、同通達に基づいた厳正な対処を行わなかったことは、非常に遺憾である。[17] 今後は、京都府警に対し、解消法の趣旨や各種通達に則った厳格な対応を求めるとともに、弁護士等の専門家による警察庁職員への定期的な研修を実施するといった、ヘイトスピーチを取り締まる側への啓発活動も必要ではないかと思われる。

その他にも、日本人の多数は、「自分たちは在特会のような連中とは違う」という意識があるかもしれないが、無意識のうちに差別に加担している可能性があるという点については無自覚である。日本第一党等による「移民受け入れ反対」「ジャパンファースト」等のスローガンは、一定の理由があるなどとして受け入れられてしまう可能性も否定できない。法的措置だけではなく、本章冒頭で述べたとおり、ヘイトスピーチが歴史的な問題であるという点や、ヘイトスピーチの問題が決して他人事ではなく、自身も無意識的に差別に加担している可能性がないかといった点についての、日本社会の人々に対する地道な啓蒙活動も重要である。

ヘイトスピーチの問題が社会的に周知されるきっかけとなった京都朝鮮第一初級学校襲撃事件が発生した場所である京都において、前述してきたような様々なヘイトスピーチ対策が行われてきていることは、解消法4条2項に定める差別的言動の解消に向けた取り組みに関する当該地域の実情に応じた施策の実施という点で、他の地域へも各地域の実情に応じた同様の施策を実施することを促す契機となったといえる。今後は京都での経験を全国の他地域においても共有し、日本全国における反ヘイト・反差別の意識をさらに高めていくべきである。[18] 筆者としても、今後、ヘイトスピーチ、ひいては在日朝鮮人への差別を解消していくための京都府・京都府下の各市町村への働きかけ、発生したヘイトスピーチ事件に対する法的対応等の対抗運動に、より積極的に取り組んでいきたい。

（玄政和）

【注】

1）師岡康子『ヘイト・スピーチとは何か』48頁、岩波書店、2013年12月21日
2）同右。
3）このような①〜⑤へのつながりは、ピラミッドに見立てて「ヘイト（憎悪）のピラミッド」などと呼ばれる。冨増四季弁護士によるブログ「ヘイト暴力のピラミッドに照らした分析」も参照。
4）地裁判決と高裁判決の違いについては、「朝鮮学校襲撃事件――第1審、控訴審判決を経て」（仲晃雄弁護士）参照。
5）奈須祐治「大きな意義を持つ京都地裁判決この国の法制度の限界も明らかに」（「特集　ヘイトスピーチを考える」朝日新聞社編発行『Journalism 2013年11月号』110頁、2013年11月8日発行）、冨増四季「京都朝鮮学校襲撃事件に関する京都地裁判決の評価とその活かし方」（在日朝鮮人人権協会発行『人権と生活　Vol.37』（2013年12月）17〜21頁）、第28回近畿弁護士会連合会人権擁護大会シンポジウム第1分科会「ヘイト・スピーチは表現の自由か」12〜26頁、近畿弁護士会連合会

人権擁護委員会編、2016年11月28日発行、具良鈺「人種差別の違法性を認定―京都朝鮮学校襲撃事件判決」(『ヘイトスピーチはどこまで規制できるか』65頁、LAZAK(在日コリアン弁護士協会)編、板垣竜太・木村草太他著、影書房、2016年8月25日発行)等。

6)現在、デモや街宣以外にも、SNS等のインターネット上で行われるものが問題となっているが、本章は、京都府下におけるヘイトスピーチを対象範囲とするものであり、京都府下におけるインターネット上の被害を画定することは困難であること等の理由から、今回の検討対象からは除外する。

7)ただし、ヘイトスピーチによる被害状況は、ヘイトデモ・街宣の件数のみで把握しきれるものではなく、件数が減少したことのみをもって、解消法の効果が現れていると単純に評価することはできないことに留意すべきである。

8)これらの分類はあくまで具体例であり、ヘイトスピーチに該当するものはこれらに限られるものではないとの意見もあろうが、本章においては、便宜上、少なくともヘイトスピーチに該当するということについて異論が少ないであろう本章の3分類を用いることとする。

9)インターネットサイト「レイシズム監視情報保管庫」、「ヘイトアクション・カウンター2018(平成30年)上」参照。

10)法務省の3分類を用いるため、脚注9で挙げたインターネットサイト上に挙げられているデモ・街宣であっても、具体的な発言内容が明らかでないもの、または、具体的な発言内容が、この分類によるヘイトスピーチに該当しうるか否か評価が分かれうるもの(いわゆる「歴史修正主義」に基づく表現等)については、(中には侮辱罪や名誉毀損罪の構成要件に該当しうるものも存在するが)統計から除外している。

11)ヘイトスピーチを行う団体の数が減少していった背景には、ヘイトスピーチに対し現場で対抗するいわゆる「カウンター」の活動による効果があったことは間違いないと思われる。もっとも、ヘイトスピーチが発生した歴史的背景等を理解しないままカウンター活動に参加した者も数多く存在し、朝鮮学校への高校無償化除外に賛成する者がカウンター活動に参加していたり、「拉致被害者を救え」と総聯に街宣を仕掛ける団体がカウンター内部から現れたという事実もある。このような右傾化の問題について警鐘を鳴らす論考として、朴利明「ヘイトスピーチをめぐる運動における右傾化について」（在日朝鮮人人権協会発行『人権と生活 Vol.40』（2015年6月）56～59頁）参照。

12）同団体は、京都以外でも、2019年3月11日、九州朝鮮中高級学校及び北九州朝鮮初級学校の最寄り駅である折尾駅において、約10名が、登校中の朝鮮学校生徒に向けて、「日本がこんなんだから朝鮮人に舐められている。見てください朝鮮人の子どもたちはチマチョゴリ着てないでしょ。朝鮮人はさっさと国に帰れ、朝鮮人は追い出さなければならない」等のヘイトスピーチを浴びせるという暴挙に出ており、同団体による活動は全国的な対応を要する問題である。

13）同会は、京都朝鮮第一初級学校襲撃事件の訴訟活動や、同訴訟を支援するために2010年に発足した「在特会らによる朝鮮学校に対する襲撃事件裁判を支援する会」（通称「こるむ」）および2012年に発足した「朝鮮学校と民族教育の発展をめざす会・京滋」（通称「こっぽんおり」）の活動の流れを受け継ぎながら発足した会である。求める会発足までの流れについては、求める会共同代表（当時）の板垣竜太著「京都における反レイシズム対策推進のための取り組み」（Mnet 186号「NO！ヘイトスピーチNO！ 人種差別NO！ 排外主義」特定非営利活動法人移住者と連帯する全国ネットワーク編、2016年6月発行）参照。

14）本邦外出身者に対する不当な差別的言動の解消に向けた取り組みの推進に関する法律に基づく「公の施設」利用許可に関するガイドライン、2017年11月

15）人権擁護局調査救済課補佐官「選挙運動、政治活動等として行われる不当な差別的言動への対応について」神奈川新聞、２０１９年４月９日

16）「本邦外出身者に対する不当な差別的言動の解消に向けた取組の推進に関する法律の施行について（通達）」

17）京都弁護士会は、２０１９年３月27日付で、デモ参加者により行われた言動が解消法第２条の「不当な差別的言動」（以下「ヘイトスピーチ」という）に当たり、在日コリアンの人権を侵害するものであって、到底許されるものではないこと、国、京都府、京都市及び京都府警その他の関係各機関に対し、この事実を真摯に受け止め、今後より一層、ヘイトスピーチをなくし、誰もが尊厳をもって暮らすことのできる自由で平和な社会を実現するため、今回のような事態が再び生じることがないように取り組みを進めることを求めること等を内容とする会長声明を発表している。

18）同時に、全国での条例制定の動きなどを京都でも随時キャッチアップし、京都での実情に応じた適切な対応の方向性を模索していくべきである。川崎市では、２０１９年６月24日、「差別のない人権尊重のまちづくり条例」（仮称）の素案が発表された。市内の公共の場でヘイトスピーチをしたり、させたりすることを禁じたうえで、違反があった場合、市長は、①違反行為をやめるように勧告し、②２回目の違反をした者には、違反行為をやめるよう命令、③３回目の違反をした者については、氏名や団体名などを公表し、市が被害者に代わって検察庁か警察に告発するという内容や、違反を３回重ねた場合、50万円以下の罰金という刑事罰が設けられている。本稿執筆時点では、２０１９年７月８日から８月９日にかけてパブリックコメントを募集し、同年12月下旬から２０２０年７月１日にかけて施行するスケジュールとされている。京都では、現時点では、ヘイトスピーチの規制に向けた条例制定の動きはないが、このような他の地域での経験を京都でも活かしていくべきである。

# 第５章　経済制裁と在日朝鮮人に対する圧力

近年の朝鮮をとりまく国際情勢の特徴の１つに、核実験および人工衛星・ミサイル発射実験を奇貨とした国連安全保障理事会（以下「安保理」）やアメリカ、日本による経済制裁を挙げることができる。朝鮮が「核実験」や「人工衛星という名の事実上のミサイル」を発射したとニュースで報じられた後には、アメリカや日本が抗議声明を出し、国連では安保理が開かれ新たな制裁決議が採択されるという流れはこの間お馴染みの光景になった。

国連憲章は、国際の平和および安全を維持しまたは回復するために、軍事的措置（42条）と非軍事的措置（41条）の２つの手段を備え、その決定を安保理に委ねている。安保理は、朝鮮が２００６年７月５日に弾道ミサイル発射実験を行ったことを受け、同月15日、決議１６９５を採択した。この決議では、中国とロシアの反対意見により非軍事的措置としての制裁は見送られた。その後、安保理は、同年10月14日、同月９日に実施された核実験を受け、決議１７１８を採択した。この決議は、朝鮮への核・弾道ミサイル関連物資や奢侈《しゃし》品（ぜいたく品）の輸入および資金移動の禁止、全ての加盟国内にある朝鮮の核・弾道ミサイル関連の人物および団体の資産の凍結並びに貨物検査などを全ての加盟国に求めるものであり、朝鮮に対する国連憲章41条に基づく初めての制裁決議となった。その後も、主には常任理事国ではアメリカが、非常任理事国では日本（２００５～２０１７年まで通算６年の任期）が主導する形で、朝鮮の核実験、人工衛星打上実験およびミサイル発射実験があるたびに経済制裁を内容とする安保理決議を連発し、現在までに前記２つを含む10個[1]の決議が採択されている。こうした安保理決議に対し、朝鮮は、核・ミサイル・ロケット開発はアメリカの敵視政策および周辺同盟国（韓国、日本等）の軍事・核包囲網から自主権・生存権を守るための必要な自衛措置で、安保理決議は平和的な宇宙および核利用権利を侵害するものであると主張し、安保理決議の恣意性、ダブルスタンダードを度々非難してきた。

一方日本は、朝鮮が日本人拉致を公式に認め謝罪した２００２年以後、「対話と圧力」を基調に対朝鮮外交を展開するようになった。そのような中で、「圧力」のカードをできる限り用意しておくべきとの声の高まりを受け、２００４年に「外国為替及び外国貿易法」（以下「外為法」）を改正し、「特定船舶の入港の禁止に関する特別措置法」（以下「特定船舶入港禁止法」）を制定した。そして、２００６年７月５日のミサイル発射実験を受け、日本政府は、これらの法律に基づき、朝鮮と日本を往来していた万景峰92号の入港禁止や、一部の在日朝鮮人の朝鮮を渡航先とした再入国許可の禁止、朝鮮当局職員の入国禁止などの独自制裁を直ちに発動した。それ以降日本政府は、朝鮮の核実験等があるたびに制裁のメニューを増やし、また対象を広げるなどして強化している。制裁は半年、１年または２年の期限付きで発動され、現在まで途切れることなく維持されている。

本章では、まず、経済制裁の根拠法規の制定過程について簡単に振り返る。次に、過去約10年の間に日本政府によりどのような制裁が課せられてきたのか、時系列と規制内容を整理し、そのうえで、日本の独自制裁の特異性と主に在日朝鮮人に対する人権侵害と評価すべき事例を明らかにする。最後に、総聯や在日朝鮮人、朝鮮学校に対して経済制裁以外の方法でなされた朝鮮への「圧力」としての事実上の「制裁」について説明する。

## 1. 独自制裁のための法整備

### 1）外為法を改正

2002年9月に行われた朝日首脳会談を機に、朝鮮と日本政府（当時の小泉政権）は、2000年頃から大きな動きを見せていなかった国交正常化交渉を再開させる。両国間に対話ムードが醸成されていくが、その一方で日本国内からは、同会談の際に明確になった朝鮮による「拉致問題」を朝鮮外交の最重要課題に据えようとする動きが強まり、また朝鮮のいわゆる「核・ミサイル問題」が安全保障上の問題として重要視されるようになり、朝鮮には圧力をもって臨むべきとの声が高まっていく。このような中、「対話と圧力」を対朝鮮外交の基本方針とすることが明確になった。[2)]

「圧力」の手段として、日本国内あるいは一部政治家などから、「日本独自の判断に基づく経済制裁」を実施すべきとの声があがるようになり、一部政党においてそのための法整備が準備されていく。経済制裁とは、全面的または部分的な輸出入、渡航、送金等を禁止し、経済という国家運営に最も重要な分野に打撃を与え、対象国の政治外交政策の転換を通じて発動国側の政治的価値の受容を迫ったり、主権侵害の脅威となる行為を取り除き国益の維持・回復や安全保障を図ることを目的として行われる非軍事的措置の1つと定義することができる。[3] 改正前の旧外為法の下では、国連決議や多国間の合意がある場合を除き日本単独での経済制裁はできないと解釈されてきた。[4] そこで、かねてより「圧力」を加える構えを示すことが対朝鮮外交において必要であるとして経済制裁の必要性を訴えてきた自民党「対朝鮮外交カードを考える会」[5]は、日本独自の経済制裁を発動できるよう議論を重ね、外為法改正案を作成した。同案は、党の承認を得た後、民主党の朝鮮問題に関するプロジェクトチームを交えた議論の結果修正され、外為法改正法案として第159回国会に提出された。その後法案として衆参両院の可決を経て2004年2月9日に成立するに至った。[6] 国会審議では、「北朝鮮に働きかけていく場合の日本の外交の選択肢を広げる」ため「対外交渉の切り札」、「駆け引きの材料」として改正法案に基づく経済制裁を活用し得るとの発言が提案者および政府側からなされている。[7]

以上の経緯を経て、朝鮮外交の基本方針である「対話と圧力」のうちの「圧力」を強化する改正外為法が成立した。[8]

## 2）特定船舶入港禁止法を新設

特定船舶入港禁止法も、外為法改正と同様、朝鮮に対する圧力の手段を確保する目的で2004年6月14日制定（新設）された。[9]

改正外為法が成立した国会と同じ第159回国会において特定船舶入港禁止法案が提出された。これは、2004年3月31日に民主党・無所属クラブが提出した同名法案と、同年4月6日に自民党・公明党が提出した同名法案を、自民党、民主党、無所属クラブ及び公明党の三会派が修正しまとめたものであった。この法案の審議に先立つ一般質疑において日本政府は、朝鮮が日朝平壌宣言を遵守している限り制裁は発動しない考えである、と言いながらも「対話と圧力」を外交方針とする中では1つの有効なカードとして活用し得ると説明している。[10] また、前記三会派所属議員からは、朝鮮籍の船舶（万景峰92号等）を念頭に置いた法案であり先に成立した外為法に基づく経済制裁とセットで行使するカードであることが何度も強調されている。[11] このことから、特定船舶入港禁止法も朝鮮への圧力の一手段として設けられた法律であることは明らかであるといってよい。

かくして、朝鮮に対する経済制裁の法的・制度的根拠は整ったわけであるが[12]、いずれの審議過程においても、日朝関係の改善と国交正常化に向けて水を差すといった反対意見、すなわち朝鮮外交の手段とすることへの是非に関する意見は出たものの、種々の経済制裁や万景峰号入港禁止によって、日本国内、特に在日朝鮮人に対していかなる影響が及ぶかなどの点に目を向けた意見を述べた者はなかった。この観点からの意見が見られなかったことは、その後10年以上続く対朝鮮制裁の無分別さを象徴しているのではないだろうか。

## 2. 経済制裁の内容

### 1) 規制の概要

日本の独自制裁は、「ヒト」、「モノ」、「カネ」の3つの移動と、これらの移動手段として利用される船舶の入港を制限する内容となっている。

「ヒト」の移動は、主に朝鮮在住の者または朝鮮国家と密接に関連する者の出入国（再入国を含む）が出入国管理及び難民認定法（以下「入管法」）により制限されている。「モノ」の移動は、朝鮮を原産地、船積地または仕向地とする貨物の輸出入や貨物の移動を伴う役務取引が、「カネ」の移動は、朝鮮に対する支払いや支払手段の輸出入が、主に外為法によりそれぞれ制限されている。

また、これらの移動手段たる船舶の入港は、特定船舶入港禁止法により制限されている。

## ２）経済制裁史

まず初めに、日本が、いつ、どのような制裁を課してきたかについて概観し、規制の範囲、対象がどのような変遷を遂げたか以下表にして整理する。[13)]

| | モ　　ノ | カ　　ネ | 船　　舶 |
|---|---|---|---|
| | | | ・万景峰92号の入港禁止 |
| | ・全ての品目（人道目的等を除く）の輸入を禁止 | ・輸入代金の支払いの禁止 | ・朝鮮籍の全ての船舶の入港禁止 |
| | ・奢侈品の輸出を禁止<br>・奢侈品の売買に関する仲介貿易取引を禁止 | | |
| | | ・支払手段等の輸出時の届出義務を100万円超から30万円超に引き下げ | |
| | ・全ての品目（人道目的等を除く）の輸出を禁止<br>・全ての品目の売買に関する仲介貿易取引を禁止 | | |
| | ・全ての品目の売買、貸借、贈与に関する仲介貿易取引を禁止 | | |
| | | ・支払手段等の輸出時の届出義務を30万円超から10万円超に引き下げ | |
| | | | |
| | | | |
| | | ・支払手段等の輸出時の届出義務を他国並みの100万円超に戻す | |
| | | | |
| | | ・支払手段等の輸出時の届出義務を100万円超から10万円超に引き下げ | ・人道物資輸送船舶の入港禁止（一部解除を廃止） |
| | | | ・朝鮮に寄港した外国籍船舶の入港禁止 |
| | | ・全ての支払（10万円以下かつ人道目的等を除く）の禁止 | |
| | | | |
| | | | ・朝鮮に寄港した全ての船舶の入港禁止 |

| | | ヒ　　　　ト |
|---|---|---|
| 2006年 | 7月5日 | ・総聯議長ら５名の訪朝後の再入国禁止<br>・朝鮮への渡航自粛要請<br>・在日朝鮮人に対する再入国許可の制限（2回以上の渡航日程を提出しない場合数次再入国許可（マルチ）を与えない） |
| | 10月14日 | |
| | 11月15日 | |
| 2009年 | 5月12日 | |
| | 6月18日 | |
| 2010年 | 4月14日 | |
| | 4月9日 | |
| 2013年 | 2月12日 | ・総聯副議長ら3名、同中央常任委員9名らを訪朝後の再入国禁止に追加 |
| 2014年 | 5月29日 | ストックホルム合意 |
| | 7月4日 | ・全ての制裁措置を解除 |
| 2016年 | 2月10日 | 制裁措置を復活<br>①朝鮮当局職員および当該職員を実質的に補佐する者の訪朝後の再入国の禁止（朝鮮総聯議長、副議長、局長、朝鮮大学校幹部ら）<br>②在日外国人の核・ミサイル技術者の訪朝後の再入国の禁止（在日本朝鮮人科学技術協会所属会員ら）<br>※①と②を合わせ22名が対象<br>③日本人に対する朝鮮への渡航自粛要請<br>④日本国公務員の訪朝見合わせ<br>⑤「対北朝鮮の貿易・金融措置に違反し刑の確定した外国人船員の上陸」および「そのような刑の確定した在日外国人の北朝鮮を渡航先とした再入国」の原則禁止 |
| | 2月19日 | |
| | 2月20日 | |
| | 2月26日 | |
| | 12月2日 | ①②の対象者を拡大 |
| | 12月10日 | |

日本政府は、まず初めに、２００６年7月5日のミサイル発射実験に対する対抗措置として、同日、万景峰92号の入港禁止措置や総聯議長らの再入国許可禁止措置等を行った。同年10月9日に朝鮮が最初の核実験を実施すると、続いてモノとカネに対する制裁を課し、入港禁止の対象を朝鮮籍船舶に拡大した。以上の措置は、その後の核実験（２００９年5月25日、２０１３年2月12日）や人工衛星「銀河３」の打上げ（２０１２年12月12日）、韓国哨戒艦「天安」号沈没事件（２０１０年3月26日）のたびに強化・拡大され維持されるが、２０１４年5月29日のストックホルム合意を機にヒトに対する措置と船舶に対する一部措置が解除された。しかしながら、日本政府は、朝鮮が4度目の核実験（２０１６年1月6日）および人工衛星「光明星４」の打上げ（同年2月7日）を実施すると、ストックホルム合意を破棄し、一部解除した制裁を復活させ、従前の制裁より強力な措置を新たに執るに至った。

制裁の強化は２０１６年12月を最後になされていないが、これまでにとられた全ての措置は現在まで維持されている。[14]

## 3.「ヒト」の規制

### 1）再入国許可の取り消し

人的往来の規制措置は、大きく分けて渡航自粛要請、特定の在日外国人の訪朝後の再入国許可の禁止、日本公務員の訪朝見合わせの3つに分類できる。本書では、特定の在日外国人の再入国禁止措置について説明する。

## 2）再入国許可制度の概要

再入国許可とは、日本に在留する外国人が一時的に出国し再び日本に入国しようとするため、法務大臣が出国に先立って与える許可である。

再入国許可には、1回限り有効のもの（シングル）と、1つの許可でその有効期間中は何度でも使用できる数次有効のもの（マルチ）の2種類があり、その有効期間は、現に有する在留期間の範囲内で、5年間（特別永住者は6年間）が最長となる。

再入国許可を受けた外国人は、再入国の上陸申請にあたり、通常必要とされる査証が免除され、簡便な上陸審査手続により上陸許可を受けられる。また、上陸後は従前の在留資格および在留期間に基づき在留することができる。2012年7月9日からスタートした「みなし再入国許可」制度のもとでは、日本に在留資格をもって在留する外国人で「有効な旅券」[15]を所持するもの（中長期在留者にあっては、在留カードを所持する者に限る）が、出国審査官に再び入国する意図を表明して出国するときは、原則として許可を受けたものとみなし、出国後1年以内（特別永住者は2年以内）の再入国の場合、通常の再入国許可を受けずに再入国することができる。

これに対し、日本に在留する外国人が再入国許可を受けずに出国した場合または出国後再入国許可の期限が切れた場合、その外国人が有していた在留資格および在留期間は、消滅してしまう。このことは、永住者、特別永住者であっても同様である。再び日本に入国する場合には、新たに上陸許可及び在留許可を受けなければならず、これらの許可は、法務大臣の広範な裁量に基づき当該外国人の在留中の一切の行状、国内の政治・経済・社会等の諸事情、国際情勢、外交関係、国際礼譲等の諸般の事情を考慮して行われるため、必ずしも許可を受けられるとは限らない。しかも、仮に上陸許可を受けて何らかの在留資格が付与されたとしても、新規入国扱いになるため、入国時から永住者や特別永住者の在留資格を得ることはできない。

### 3）制裁措置の内容

このような再入国許可制度の下、２０１６年2月10日から、日本に在住する外国人のうち「北朝鮮当局職員」および「補佐する立場にある者」、「刑確定外国人」並びに「核・ミサイル技術者」（以下これらの者を合わせて「渡朝禁止対象者」という）に対し、朝鮮を渡航先とした再入国許可の原則禁止措置が執られた。

禁止措置の内容は、日本政府が渡朝禁止対象者にあたると判断した者のうち、みなし再入国許可の対象とならない者（主に「朝鮮籍」者、朝鮮旅券しか有しない者）に対しては、数次再入国許可を取り消し（入管法26条７項）、みなし再入国許可の対象となる者（主に韓国籍を有する者など）に対しては、再入国の許可を要する者として認定した旨の通知（同法26条の２第１項但し書き、同法施行規則29条の４第１項）をしてみなし再入国許可の対象から除外し、そのうえで、これらの者に対し、再入国許可申請時または出国時に朝鮮へ渡航する旨申告した場合は再入国許可を出さず、それ以外の場合にのみシングルの再入国許可を出すというものである。数次再入国許可を得た状態またはみなし再入国許可を得られる状態にとどめておくと、その有効期間内は自由に海外渡航ができ朝鮮への渡航を阻止することができないため、いったん許可を取り消すなどし、出国ごとに渡航先を確認して朝鮮への渡航に対しては許可を出さないことで、朝鮮への渡航を事実上阻止する措置である。

生活の基盤を日本にしか有しない在日朝鮮人は、再入国許可が与えられなければ出国後再度同じ資格をもって日本に入国・在留できる保証はなく、日本での生活基盤を全て失うことになるから、制裁措置により、朝鮮へ渡航することが事実上不可能となった。

## 4）問題点

在日朝鮮人の再入国の権利性やこれを制限することの憲法ないし国際関係法上の問題点については、本書が制裁措置そのものの問題性に焦点を当てて論じることを目的とするため、ここでは紙面の関係上割愛する。以下では、この制裁措置自体が孕んでいる重大な問題点について指摘する。

それは、「在日北朝鮮当局職員」およびこれを「補佐する立場にある者」、「刑確定外国人」並びに「核・ミサイル技術者」に該当するとの判断が、日本政府の恣意的かつ一方的で極めて不透明な手続きによってなされたことである。

まず、言うまでもないが、「在日北朝鮮当局職員」やこれを「補佐する立場にある者」、「核・ミサイル技術者」が一体誰を指すのか、その判断基準や判断要素が公にされている情報からは明確でない。そのため、政府による恣意的選定により、対象者が無限定に拡がるおそれがある。報道[16]によれば、現在の渡朝禁止対象者は20名程度のようであるが、自民党の「北朝鮮による拉致問題対策本部」は、この対象者を数百名規模に増やすことを求めており、今後渡朝禁止対象者が拡大されるおそれがある。渡航禁止は、朝鮮に親族がいるなど祖国との結びつきが強い在日朝鮮人にとって重大な不利益を課すものであるから、吟味された目的の範囲内における必要

コラム2

## 誓約書問題～全ての「朝鮮籍」者に署名を強要

2016年2月（ストックホルム合意による制裁解除後の制裁）以降、渡朝禁止対象者以外の「朝鮮籍」者が朝鮮以外の国へ渡航する際、出国時の審査や再入国許可申請時において、「北朝鮮には渡航しません」などと記載された「誓約書」（次頁）への署名が強く要請され、事実上強制（※1）されるという問題が起きました。誓約書への署名要請は、入管によると、「核・ミサイル技術者」の渡航禁止措置を実効化するためでした。

しかしながら、「核・ミサイル技術者」として制裁措置の対象となるのは在日外国人一般であるのに、在日朝鮮人のみを誓約の対象にすることは、合理的理由に基づかない運用です。これを措いたとしても、入管が制裁目的に沿う運用をするならば、「核・ミサイル技術者」に該当する者に対してのみ誓約を要請すれば良いのであって、制裁措置が行われている状況下においても渡朝禁止対象者以外の者が朝鮮渡航を制限される立場にない以上、全ての在日朝鮮人に朝鮮へ渡航しないことを誓約させる必要は全くありません。

誓約書への署名によって、その者は再入国許可を取り消され得る立場に立たされるわけですから、朝鮮渡航を萎縮させ、海外渡航の自由（憲法22条2項）が制限されることになります。

誓約書への署名要請は、このように、人権侵害を内容とし、制裁目的に照らし必要性の無い行き過ぎた措置であり、違法の可能性が極めて高いものでした。

そのためか、この問題に対して国会やメディア等から批判的意見が多く上がり、入管も運用を改めざるを得ない状況に追い込まれた結果、現在は実施されていないとのことです。

※1　署名を拒否すると再入国許可の判断に不利に働くかもしれないとの懸念から拒否することが事実上困難であったケースがほとんどである。

（金英功）

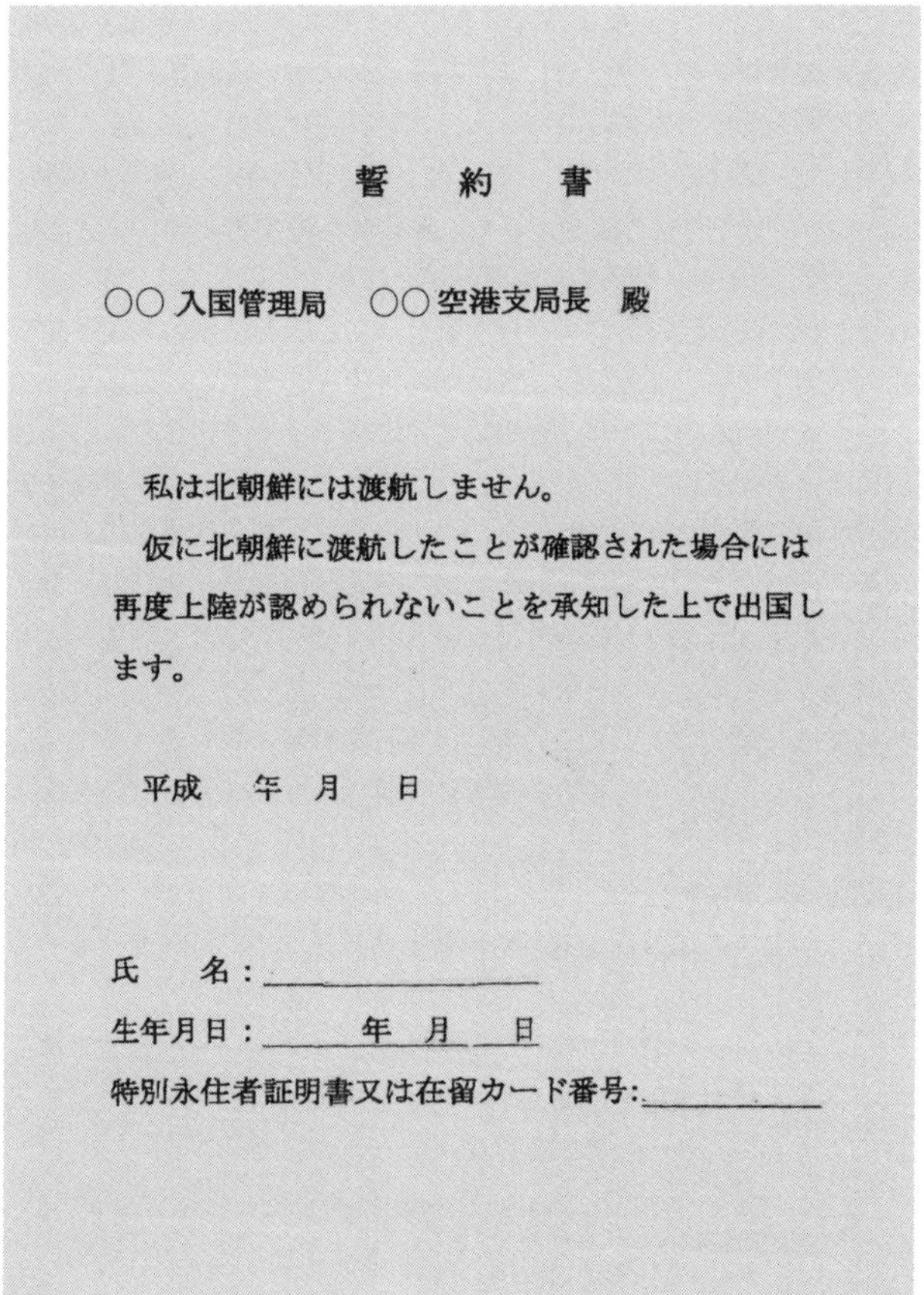

誓　約　書

○○ 入国管理局　○○空港支局長　殿

私は北朝鮮には渡航しません。

仮に北朝鮮に渡航したことが確認された場合には再度上陸が認められないことを承知した上で出国します。

平成　年　月　日

氏　名：＿＿＿＿＿＿＿＿

生年月日：＿＿年＿月＿日

特別永住者証明書又は在留カード番号:＿＿＿＿＿＿

最小限の規制に留めるべきであるが、自民党の動きを踏まえると、必要最小限に留まるかどうか疑わしいと言わざるを得ない。

次に、日本政府がどのような事実に基づき対象者と判断したのか不明確であることから、判断過程に事実誤認や法令違反、他事考慮などの処分そのものを違法とする要素が存在する可能性がある。事実、新聞報道等によれば「在日北朝鮮当局職員」または「補佐する立場にある者」として総聯の議長、副議長、中央常任委員等の幹部らが対象になったようであるが、関係者の話によればこの中には総聯を退職した人物も含まれているという。仮にこの判断に重大な事実誤認があれば、裁量権を逸脱・濫用した処分として違法である。

さらに、渡朝禁止対象者は、「再入国許可取消通知書」または「認定通知書」が送付されたことで自身が制裁対象者になったことを初めて知ることになったのであり、事前の告知・聴聞・弁明の機会および事後的な不服申立手続きの機会を一切与えられていない。生活の基盤が日本に存する在日朝鮮人に対し重大な不利益を課す措置に手続保障が一切与えられなかったことは、適正手続きの見地からも極めて問題である。

## 4. 「モノ」の規制

独自制裁によって規制されている「モノ」とは、外為法６条15号に規定する「貨物」（貴金属、支払手段および証券その他債権を化体する証書以外の動産）を指す。[17] 独自制裁により、「貨物」自体の移動である輸出入と、「貨物」の移動を伴う取引（仲介貿易取引）が規制されている。

## 1） 輸出規制

### (1) 概要

現在、朝鮮を仕向地（貨物の最終陸揚港の属する国または地域）とする輸出が全面的に禁止されている。

外為法は、輸出規制を発動する要件について定め、さらに具体的な規制内容を政令[18]である輸出貿易管理令（以下「輸出令」）に委任している（外為法48条）。輸出令において、規制の対象となる貨物の種類や輸出先などの詳細が定められ、輸出令の委任に基づき制定されている輸出貿易管理規則（以下「輸出規則」）において、輸出のための具体的手続きが定められている。

さらに、輸出令は規制の内容を告示[19]によって指定することも認めており、輸出令よりもさらに詳細な規制対象が、告示によって定められている。

### (2) 規制の内容

輸出規制の発動要件について、外為法10条は次のように規定している。

第10条
第1項　我が国の平和及び安全の維持のため特に必要があるときは、閣議において、対応措置（この項の規定による閣議決定に基づき主務大臣により行われる第16条第1項、第21条第1項、第23条第4項、第24条第1項、第25条第6項、第48条第3項及び第52条の規定による措置をいう）を講ずべきことを決定することができる。
第2項　政府は、前項の閣議決定に基づき同項の対応措置を講じた場合には、当該対応措置を講じた日から20日以内に国会に付議して、当該対応措置を講じたことについて国会の承認を求めなければならない。ただし、国会が閉会中の場合又は衆議院が解散されている場合には、その後最初に召集される国会において、速やかに、その承認を求めなければならない。
第3項　政府は、前項の場合において不承認の議決があったときは、速やかに、当該対応措置を終了させなければならない。

閣議において、「我が国の平和及び安全の維持のため特に必要があるとき」が決定されると経済制裁は発動される。朝鮮に対する経済制裁は、朝鮮の核実験やミサイル発射実験、人工衛星発射がこれに当たるとして実施されてきた。これは、外為法を根拠とする全ての制裁の基本となる条文であり、モノ・カネに関する制裁は、ほぼ全てこの閣議決定に基づく。

外為法10条は、２００４年2月の改正で新たに加わった条文である。同条が閣議という内閣（政府）の組織によって経済制裁の発動を決定できるとしたのは、経済制裁の可否ないし是非が時の政治情勢のもとで判断される事がらであることを重視したこと、および迅速に発動することを可能とする趣旨である。もっとも、一応の民主的正当性を保つため、事後的な国会承認がなければ発動されない仕組みになってはいる（2項、3項）。

そうであっても、「我が国の平和及び安全の維持のため特に必要があるとき」という要件は、極めて抽象性の高いものである。外国とのあらゆる事象をこの要件に落とし込むことが可能であり、時の政権の判断によって制裁の可否を決定することができてしまう。経済制裁が様々な権利の制約を伴う措置であることから、広範な裁量によることができる点は、いささか問題であると言わざるを得ない。[20]

外為法10条1項に基づく閣議決定がなされると、特定の貨物もしくは特定の地域を仕向地とする貨物を輸出しようとする者または特定の取引により貨物を輸出しようとする者は、輸出令に定めるところにより「承認」を受ける義務が生じる（外為法48条3項）。

承認義務が課される貨物は、輸出令により「北朝鮮を仕向地とする貨物」となる（輸出令2条1項2号の2、同付則3項）。

本来、輸出の承認を受けるべき貨物は、輸出令別表1以下の定めによって詳細に規定されており、制裁以前は、一部の貨物を除き、朝鮮も他国と同様の扱いを受けていた。しかしながら、安保理決議1718後の独自制裁措置に伴う輸出令の一部改正により、2006年11月15日から朝鮮に対する奢侈品の輸入規制が始まった。その後、2009年5月の核実験を受けた輸出令附則3項の改正により、同年6月18日から人道目的等を除く朝鮮を仕向地とする全ての貨物の輸出が制限されるに至った。

制度上、これらの貨物は、経産大臣の「承認」を得れば輸出することができるが（輸出規則1条1項2号）、政府は原則承認しない方針を打ち出している。[21] 承認を得ずに輸出した場合は、5年以下の懲役もしくは1000万円以下の罰金またはこの両方が科される（外為法69条の7第1項4号）。

したがって、現状、奢侈品を含め、ほぼ全ての貨物の輸出ができない。

なお、人道目的等として説明され例外的に承認不要とされる貨物には、次のようなものがある（輸出令4条2項各号、別表5、別表6）。

・救じゅつ品[22]（別表5の1号）

・国際郵便で送付され、かつ、受取人の個人的使用に供される見廻り品、家庭用品、職業用具、商業用具を内容とする小型包装物若しくは小包郵便物またはその他の方法により送付される同様の小包（別表5の3号）。

・一時的に出国する者[23]及び一時的に入国して出国する者の携帯品（手荷物、衣類、書籍、化粧用品、身辺装飾用品その他本人の私用に供することを目的とし、かつ、必要と認められる貨物）[24]又は職業用具（本人の職業の用に供することを目的とし、かつ、必要と認められる貨物をいう）[25]（別表6）

## 2）輸入規制

### (1) 概要

輸入についても、朝鮮を原産地、船積地とする貨物を全面的に規制している。

原産地とは、行政解釈によると、当該貨物の生産、製造または加工（この場合の加工には、選別、改装等を含めない）の行われた場所の属する国または地域をいう。船積地とは、船舶以外の貨物ついいては、現実に貨物の船積みの行われた港の属する国または地域をいう。

基本的に輸出の場合と同様、外為法から委任を受けた（外為法52条）輸入貿易管理令（以下「輸入令」）において具体的な規制内容が定められ（輸入令3条1項、4条1項2号）、規制対象となる貨物の輸入に関する手続きを輸入貿易管理規則（以下「輸入規則」）が規定している。また、規制の内容が輸入公表（告示）によって定められることも想定されている。

### (2)規制の内容

外為法10条1項に基づく閣議決定がなされると、あらかじめ輸入公表によって告示されている貨物（輸入令3条1項）について、輸入令で定めるところにより「承認」を受ける義務が生じる（外為法52条）。

そして、輸入令3条1項に基づいてあらかじめ公表されている告示（「輸入割当を受けるべき貨物の品目、輸入についての承認を受けるべき貨物の原産地又は船積地域その他貨物の輸入について必要な事項の公表」昭和41年4月30日通産省告示第170号）に基づき、「北朝鮮」を「原産地又は船積地域」とする「全貨物」に承認義務が課される（輸入令4条1項2号）。

この規制は、輸入規制を制裁として課した2006年10月14日の当初からなされており、併せて原産地または船積地域が朝鮮である貨物の輸入代金の支払いについても禁止されている（外為法16条5項、外国為替令6条5項、経済産業省告示「外国為替令6条5項の経済産業大臣が支払い等がされても特に支障が無いと認めて指定する貨物の輸出又は輸入」）。

制度上、これらの貨物は、経産大臣の「承認」を得れば輸入することができるが（輸出規則2条）、輸出同様、政府は原則承認しない方針をとっており、承認を得ずに輸入した場合は、5年以下の懲役もしくは1000万円以下の罰金またはこの両方が科せられる（外為法69条の7第1項4号）。

したがって、現状、ほぼ全ての貨物の輸入ができない。

その中で、例外的に、人道目的等として承認不要で輸入できる貨物には、次のようなものがある（輸入令14条本文各号、別表1、別表2）。

・無償の救じゅつ品（輸入令別表第1の2号）
・個人的使用に供せられ[26]、かつ、売買の対象とならない程度の量の貨物（同4号）
・遺骨（同5号）
・無償で送られる記録文書その他の書類[27]（販売目的で輸入されるものを除く）（同12号）
・図書館に対し無償で、または国際的交換の目的物として送られる出版物（同13号）
・関税定率法施行令17条に規定する国公立または私立の施設（各種学校の場合は財務大臣の指定を受けた学校。同条3号）に陳列する標本および参考品並びにこれらの施設の用に供される試験品であって、無償で送られるもの（同14号）
・一時的に入国する者および一時的に出国して入国する者の携帯品と職業用具（同別表2[28]）

## 3）仲介貿易取引の規制――「モノ」の移動を伴う取引

### (1)規制の内容

輸出入の規制以外に、物の移動を伴う取引として規制されているのが、仲介貿易取引である。この規制は、輸出規制同様、２００６年11月15日から実施された制裁の１つである。当初は奢侈品の売買に関する取引のみであったが、２００９年に全品目に拡大され、２０１０年に賃借および贈与に関する取引が追加された。

外為法10条１項に基づく制裁が発動すると、「役務取引」につき「許可」を受ける義務が課せられる（外為法25条６項）。ここでいう「役務取引」とは、外国為替令（以下「外為令」）18条３項に基づく告示「外国為替令第18条３項の経済産業大臣が指定する役務取引等を定める件（平成22年４月９日経済産業省告示第93号）」の４号に規定されている、「外国相互間の貨物の移動を伴う貨物の売買、賃借又は贈与に関する取引であって、売買、貸借、贈与に係る貨物の原産地、船積地域又は仕向地が北朝鮮であるもの」である。

この定義の意味を逐語的に説明する。
・「外国相互間」
異なる外国（日本と国交を持たないものも含む）との間であることをいい、同一国内の移動の場合を含まない。
・「売買、賃借又は贈与に関する取引」
居住者が、貨物（他人物を含む）の「売り」、「貸し」または「贈与」契約と「買い」、「借り」または「受贈」契約の双方の当事者となる取引をいう。例えば、ある企業がA国から貨物を「買い」（または「借り」、「受贈」）、これをB国に「売る」（または「貸し」、「贈与」）ことである。これには代物弁済も含まれる。また、代金が誰に支払われるかおよび貨物の所有権が誰に帰属するかによって左右されない。

この定義にあたらない、①売買、貸借又は贈与（以下「売買等」）の予約、②売買等の契約に係る取次、[29]仲立、[30]保証、融資等の取引、③売買等の契約の履行行為、④物流のみに携わる行為、⑤「売り」と「買い」の一方にとどまる場合（またはとどまる段階）は、「売買、賃借又は贈与に関する取引」にあたらず、規制の対象外となる。ただし、仲立や取次を行うとしても、媒介している取引や「他人のために」行っている取引自体が「役務取引」（上記告示4号）にあたる場合は、幇助（場合によっては共同正犯）等の責任を追及される可能性がないではない。

「居住者」とは、日本国内に住所または居所を有する自然人および日本国内に主たる事務所を有する法人をいう。また、主たる事務所が外国にあっても、非居住者の日本国内の支店、出張所、その他の事務所は、法律上代理権があると否とにかかわらず、居住者とみなされる（外為法6条5号）。

「非居住者」とは、居住者以外の自然人および法人をいう（外為法6条6号）。

なお、財務省通達「外国為替法令の解釈及び運用について」では、日本法人の外国にある支店、工場その他の事務所（以下「海外支店等」）の行為もしくは海外支店等相互間の行為が日本法人の財産もしくは業務に影響する場合または海外支店等と日本法人の日本にある支社、支店、その他の事務所との間の行為は、外為法令が適用されるとしている。

以上の役務取引を許可なく行った場合は、3年以下の懲役もしくは100万円以下の罰金またはこの両方が科せられる（外為法70条1項18号）。

## 5. 「カネ」の規制

「カネ」の規制には、支払規制（外為法16条1項）、支払手段等の輸出入の規制（同19条）、資本取引等の規制（同21条1項）、対外直接投資（同23条4項）、特定資本取引規制（同24条1項）がある。

このうち、支払規制と支払手段等の輸出入の規制が、日本在住の多くの者に大きな影響を及ぼす規制であるから、本章ではこの2点に絞って説明する。

なお、その他の規制は、主に朝鮮のミサイルまたは大量破壊兵器計画に関連する者として指定されている者との取引等が対象になっている。

### 1）支払規制

外為法10条1項に基づく閣議決定がなされると、「政令で定めるところにより、本邦から外国へ向けた支払をしようとする居住者若しくは非居住者又は非居住者との間で支払等をしようとする居住者に対して、当該支払又は支払等について、許可を受ける義務」を課せられる（外為法16条1項）。[31] いかなる支払等が許可の対象となるかについて、外為令6条1項並びに財務省告示および経産省告示は、朝鮮在住の人、法人およびその他の団体（外国にある支店、出張所、その他の事務所、これらのものにより実質的に支配されている者も含む）に対するものと規定している。

支払規制は、独自制裁が開始された当初の２００６年9月19日から行われているが、長い間その対象は、いわゆるミサイルまたは大量破壊兵器計画に関連する者として指定された者に対する支払等に限られていた。しかし、２０１６年1月6日の核実験および同年2月7日の人工衛星「光明星」打上げを受け、２０１６年2月26日から、以下の一部例外を除く全面規制に舵を切った。

支払規制の例外は次の通りである。

〈経産大臣の許可が不要となる支払等〉

①朝鮮に住所または居所を有する自然人が行う食料、衣料、医薬品その他生活に不可欠な物資の購入に充てられるもの

②その他人道上の理由により特に必要と認められるもの

〈財務大臣の許可が不要となる支払等〉

①電気通信事業法2条5号に規定する電気通信事業者がする国際電気通信役務に係る精算料金の支払

②万国郵便連合憲章に規定する指定された事業体間で決済する万国郵便条約及びその施行規則に規定する補償金の支払

③厚生労働大臣がする労働者災害補償保険法に基づく保険給付、国民年金法に基づく給付、厚生年金保険法に基づく保険給付、その他これらに類する給付に係る支払

④朝鮮に滞在する居住者がその滞在に伴い通常必要とする支払

⑤朝鮮に住所または居所を有する自然人に対する支払であって、次に掲げるもの（10万円に相当する額以下のものに限る）

（ⅰ）朝鮮に住所または居所を有する自然人がする食糧、衣料、医薬品その他生活に欠くことができない物資の購入に充てられるもの

（ⅱ）朝鮮に住所または居所を有する自然人が医療サービスを受けるために充てられるもの

（ⅲ）ⅰ及びⅱに掲げるもののほか、人道上の理由により特に必要と認められるもの

## 2）支払手段等の輸出入

支払手段等[32]とは、現金（外国通貨を含む）、小切手（旅行小切手を含む）、約束手形、有価証券などをいう。

外為法10条1項に基づく閣議決定により、支払手段等の輸出入に次のような規制が課せられた（外為法19条）。

### (1)日本から朝鮮へ支払手段等を携帯して持ち出す場合（輸出）

10万円を超える支払手段等を携帯して輸出する場合、財務大臣への届出が必要となる[33]（外為法19条3項、外国為替令8条の2第1項第1号、財務省告示「外国為替令第8条の2第1項第1号の規定に基づく財務大臣が定める場合を定める件」）。他の外国への輸出は、100万円を超える場合に届出義務が課せられるが、朝鮮への輸出は、2009年5月12日から届出を要する金額が30万円超へと引き下げられ、2010年4月9日に10万円超へと引き下げられた。[34]

届出は、輸出しようとする日またはその前日に定められた様式による届出書を税関長に提出する方法によって行う（外国為替に関する省令10条3項）。この届出は、税関長への申告に対する許可（関税法67条、関税法施行令58条）に代えることができるところ（外国為替に関する省令10条6項)、実務では、税関による効率的な取り締りを実施する目的から、この税関長への申告・許可方式を採用している。[35]

したがって、実際には、10万円超の支払手段等を輸出する場合には通関の際に申告しなければならない。

### (2)朝鮮から日本へ支払手段等を携帯して持ってくる場合（輸入）

輸入については、朝鮮制裁独自の規制は無い。他の外国からの輸入と同様、１００万円超の輸入の際に、財務省への届出（外為法19条3項、外為令8条の2第1項第1号、外国為替に関する省令10条3項）または税関長による許可（関税法67条、関税法施行令59条、外国為替に関する省令10条6項）を要する。輸入の場合も、実務上、通関の際の税関への申告が求められている。

## 6．日本の独自制裁の特異性

### 1）在日朝鮮人の人権を侵害

以上見てきたように、日本の独自制裁は、ヒト・モノ・カネの朝鮮間の往来または移動を広範囲で制約している。その結果、朝鮮との又は朝鮮に関わる経済活動は一部例外を除いては一切できなくなっており、人的交流も制限されている。

このような経済制裁によって最も影響を受けている個人ないし集団は、朝鮮との結びつきが強い在日朝鮮人であろう。

渡朝禁止対象者は、いかなる目的であっても（たとえそれが親族の冠婚葬祭、墓参のためであっても）朝鮮に足を踏み入れることが事実上できない。また、モノ・カネの規制は一般市民間で行われる物資のやりとりをも規制しているため、全ての在日朝鮮人は、朝鮮に住む親族に僅かな日用品や生活費を送ることすらできない。[36] ヒト・モノ・カネの全面にわたって極めて厳格な規制を広範囲に及ぼされている結果、在日朝鮮人は、親族や関係者との交流を維持することが困難になり、祖国の往来の自由と交流の自由が著しく損なわれている。

日本の植民地支配により国をまたいだ親族関係を形成するに至った在日朝鮮人にとって、祖国に住む親族らと人的・物的関わりをもって生きることは人格的生存にとって不可欠であり、このような生き方は、憲法上の幸福追求権（13条）、居住・移転の自由（22条1項）、財産権（29条）等によって、また、自由権規約上の自国に戻る権利（12条4項）、家族結合の権利（17、23条）等によって保障されるべきである。日本政府は、原因作出の責任を果たすどころか、積極的に妨げているといえる。

日本の独自制裁は、その広範囲性ゆえに、在日朝鮮人の憲法および国際法上の権利を侵害していると言わざるを得ない。

## ２）制裁目的と措置との合理的関連性

経済制裁は日本政府の広範な裁量に属するが、裁量行為と言えども無制限ではなく、行政法上の一般原則等によって裁量権の逸脱・濫用があれば違法となる。

この点、行政法上の一般原則の１つに比例原則がある。比例原則とは、達成されるべき目的とそのための手段との間に均衡を求める原則であり、制約手段が目的達成のために必要最小限度でなく、目的達成に比して制約の程度が大きい場合、当該行為は、裁量権を逸脱・濫用したものとして違法となる。

経済制裁の目的は、朝鮮の核・ミサイル問題の解決である。核・ミサイル問題の解決とは、日本政府の立場から言えば、核・ミサイル開発を停止・放棄させ拡散を防ぐことなどであろう。制裁の目的が核・ミサイル問題にあることは、朝鮮の核実験や人工衛星発射実験（なお、日本では事実上のミサイル発射実験との評価が大勢を占める）、ミサイル発射実験に続いて制裁が発動されていることから明らかであるし、何よりも日本政府自身が公表している厳然たる事実である。[37]

では、手段である制裁措置は、比例原則に反しないだろうか。

核・ミサイル開発を停止・放棄させ拡散を防ぐためには、これに直接または合理的に関連する取引行為のみを規制すれば良い。

核・ミサイル開発は複雑な技術を必要とするのであり、あらゆる物品が核・ミサイル開発に転化するものではないであろう。日用品の提供や生活費レベルの送金が核・ミサイル開発に転化する関連性は乏しく、全面的禁輸措置や厳格な支払規制が必要最小限度の手段とは言い難い。また、親族への日用品の提供や生活費の仕送りを規制することが、核・ミサイル問題の解決のためにどれほどの効果を得られるのかというと、ほとんど皆無である。むしろ、憲法および国際法上認められた権利の侵害という規制による不利益の方が得られる効果を上回っており、明らかに目的達成に比して制約の程度が大きい。

このように、日本の制裁措置は、規制対象が極めて広範であるがゆえに制裁目的との関連で必要最小限度を超え制約の程度が大きい規制となってしまっており、比例原則に反する疑いの強い措置である。

### 3）国連制裁との比較

日本の独自制裁の広範性は、国連制裁と比較しても際立っている。

安保理が行う経済制裁では、ミサイルや大量破壊兵器の開発に関わる取引等が規制されており、全面的禁輸措置は採用されていない。

国連においては、包括的な禁輸措置等を内容とするイラク制裁（１９９０年）が一般市民に対し甚大な被害をもたらしたことを反省し、経済制裁に伴って生じる人権・人道上の問題を克服しようと、無辜な市民への被害を避ける制裁の在り方（「スマートサンクション」）が20年以上前から活発に議論されている。国連では、すでに20年以上もの間経済制裁の実効性確保と人権・人道上の危機回避という対なる概念のバランスに留意する経済制裁の在り方が模索されているが、日本おいては、このような議論がされている兆候は一切見られない。無辜の在日朝鮮人に対する影響や人権侵害に目を向けず、むしろ、国会・内閣は、10年以上にわたって経済制裁を承認し続け、国連とは真逆の方向を進んでいるといえる。

国際社会との協調を標榜する日本の独自制裁は、国連制裁と比べ特異であり、さらに異常性、残忍性をも垣間見ることができる。

### ４）事実上の「制裁」としての在日朝鮮人攻撃

日本政府および地方公共団体は、２０００年代中盤以降、「拉致問題」や核・ミサイル問題の解決などの政治・外交上の目的を実現するため、朝鮮本国政府に圧力を加える手段として、在日朝鮮人の権利を侵害する措置を断続的に実施している。具体的には、総聯関係者に対する刑事摘発、総聯関連施設に対する固定資産税減免措置の廃止、集会施設の使用不許可ないし許可取消、朝鮮学校に対する補助金の支給停止・減額、無償化制度からの除外などである。これらは、以下述べるように、事実上の朝鮮「制裁」としての意味を有するといえる。

## 5）「圧力」を目的とした在日朝鮮人に対する刑事摘発

２００６年以降、総聯地方本部・支部、傘下団体、これらの職員・会員の個人宅、朝鮮商工会、朝鮮学校などに対し、断続的に強制捜査が実施されている。強制捜査は、２００５年10月から現在まで少なくとも60回以上、延べ２００ヶ所程度に及んでおり、約70名が逮捕されている。特に２００５年10月から２００８年12月までの３年間は、計23回、１２３ヶ所と頻発した。２００８年までの強制捜査に共通するのは、捜索および立件の必要性・相当性を欠き、政治的弾圧・パフォーマンスとして公安警察が主導して大々的に実行した点である。[38]他方、２００９年以降の強制捜査は、朝鮮への無承認輸出入など、ほとんどが経済制裁により規制された外為法違反を理由とするものである。

２００６年３月、安倍晋三内閣官房長官（当時）は、政府内に「拉致問題特命チーム」、「法執行犯」、「情報収集会議」を組織し、法の厳格適用に乗り出した。また、漆間警察庁長官（当時）は、記者会見や衆議院内閣委員会において、「（拉致問題の解決に向けて）北朝鮮に日本と交渉する気にさせるのが警察の仕事。そのために北朝鮮の資金源について『ここまでやられるのか』と相手が思うように事件化し、実体を明らかにするのが有効だ」、「北朝鮮が困る事件の摘発に全力を挙げる」、「北朝鮮に圧力をかけるという意味の作業をしていくということが、北朝鮮が何らかの形でそれに対して別の取り組みをしなきゃならないのではないかとか、あるいは、拉致についても何らかの形でやっていかないとこのままでは済まないなと思わせることができる、むしろそういうような方向に持って行くということにしか、私らは貢献できません。……かなり今のところは、色々な形で北朝鮮に圧力をかけるような事件に着手して、それもまだ捜査が継続しております。今後も、各種事件に大いに取り組むように、都道府県警察を督励してい

強制捜査に抗議する在日同胞（朝鮮商工会館前、2008年11月27日）

きたいという風に思っております」などと発言している。また麻生太郎外務大臣（当時）も、2006年3月15日の参議院予算委員会において、「その他いろいろな形で朝鮮総聯の家宅捜索始め色々な形でこれまで法を執行させて頂いたことになっておりますので、それが皆圧力というんであれば圧力になっております」と発言している。

今日までに行われている一連の強制捜査が、朝鮮に圧力を加える目的を持つ在日朝鮮人を標的にした事実上の「制裁」であることは、このような発言からも明らかである。

## 6）固定資産税の減免措置の廃止

総聯は各都道府県に本部を設置し、各本部はその管轄区域内に活動拠点としての施設を有している。各自治体は、総聯が日本と国交のない朝鮮の日本における在外公館的組織であり、その活動拠点である施設は在外公館に準じるものであるなどとして、長年にわたって固定資産税・都市計画税（以下「固定資産税等」）の減免措置を施してきた。

しかし、「拉致問題」以降、各自治体において、減免措置の廃止が相次ぐようになった。最初に廃止を通告したのは、東京都であった。当時の石原慎太郎知事は、在任1期目では全く課税をしなかったにもかかわらず、2003年7月、東京都の総聯施設の一部につき課税通知を発した。東京都は、美濃部亮吉都知事時代から約40年にわたって固定資産税等を免税してきており、この間、総聯の機能および固定資産の利用実態に変化はなく、また都税条例等の法令の変更も全くないにも関わらず、突如として課税したのである。[39]

その後、減免措置を見直す自治体が相次ぐようになるが、これが加速する大きな契機となったのは、２００７年11月30日に、最高裁が減免措置を違法とする判断を下したことである。「北朝鮮に拉致された日本人を救出する熊本の会」会長は、熊本市長を相手に熊本朝鮮会館への課税減免措置が違法・無効であることを訴え裁判で争った。１審の熊本地裁（２００５年４月21日）は、朝鮮会館には公益性が備わっているとして訴えを認めなかったが、福岡高裁（２００６年２月２日）は１審判決を覆して減免措置が違法であると判断し、最高裁もこれを追認した。

この裁判を契機に廃止の流れは加速した。最高裁判決前の２００７年度時点で、全部または一部減免を実施する自治体は79（全部減免28、一部減免51）であったが、翌２００８年度には43（全部減免５、一部減免38）となり、２０１０年度には全部減免を実施する自治体はゼロになった（一方一部減免は35）。そして、２０１５年度に、一部減免措置を実施する自治体は消滅した。現在、減免を実施する自治体は皆無である。

## ７）朝鮮学校に対する補助金の支給停止・減額

朝鮮への圧力を目的とした事実上の「制裁」は、在日朝鮮人の民族教育にまで及んだ。朝鮮学校の補助金問題に関する記述は第3章で詳述しているのでそちらを参照いただきたいが、ここでは、対朝鮮制裁との関連で民族教育にどのような圧力が加えられたかについて簡単に説明する。

朝鮮学校の補助金の支給停止問題が表面化した直接のきっかけは、無償化制度から朝鮮高校を除外しようとする動きが強まった2010年頃のことであった。この頃、東京都、大阪府、埼玉県などが、数十年にわたって朝鮮学校に支給してきた補助金を突如として不支給とする措置を相次いで執るようになり、朝鮮学校を管轄する各自治体（都道府県及び市区町村）がこの流れに乗るように補助金の支給を停止していった。補助金不支給の理由は各自治体で様々であったが、拉致問題や核・ミサイル問題、延坪島砲撃事件といった政治・外交上の問題を理由とするところがほとんどであった。

そのような中、日本政府は、2016年3月29日、文科大臣の名で、「朝鮮学校に係る補助金交付に関する留意点について（通知）」を発出した。本通知は、「北朝鮮と密接な関係を有する団体である朝鮮総聯が、その（朝鮮学校の）教育を重要視し、教育内容、人事及び財政に影響を及ぼしている」ことを考慮の上、補助金の交付対象となる各種学校中、朝鮮学校のみを対象として、各都道府県知事に対し、補助金の適正かつ透明性のある執行の確保を求めるとともに、本通知の域内市町村関係部局への周知を求める内容であった。

当時の馳浩文科大臣は、この通知の趣旨について「朝鮮学校に補助金を出す権限は自治体側にありますので、私としては留意点を申し上げただけであって、減額しろとか、なくしてしまえとか、そういうことを言うものではありません」と同日記者会見で述べ、補助金支給を自粛するよう求めるものではないと説明している。

しかし、この通知が出る前の2015年6月、自民党の拉致問題対策本部等は、朝鮮に対する圧力の一環として、政府に対し、「朝鮮学校へ補助金を支出している地方公共団体に対し、公共性の有無を厳しく指摘し、全面停止を強く指導・助言すること」を強く要請しており、さらに自民党は、2016年2月、「北朝鮮による弾道ミサイル発射に対する緊急党声明」において、朝鮮に対する制裁として前記措置を速やかに実施するよう求めている。[40] そして、日本政府は、このような与党内からの声を受け、2016年2月からストックホルム合意を機に一部解除した制裁を復活し、従前の制裁より厳格な新たな措置を執っている。

本通知は、このような情勢の中で発せられたものであり、朝鮮への圧力を目的とした事実上の「制裁」であることは明らかである。現に、本通知を理由に支給を取りやめた自治体もあり、結果的にも、在日朝鮮人に対する攻撃の意味を持つものになっている。

以上見てきたように、日本の経済制裁はヒト・モノ・カネを広範に規制する他に類を見ない非常に厳格で強力な措置である。反面、これによる不利益や人権侵害の程度は大きい。10年以上もの間当然の様に繰り返されてきた経済制裁により、いったい何がどのように規制され、それによって誰がどのような影響を受けているのかを認識し、その適法性について厳密に吟味されなければならない。さらに、本来経済制裁は対象国ないしその政府に向けたものであるはずであるが、総聯や在日朝鮮人、ひいては朝鮮学校に通う児童・生徒に「圧力」が加えられている現状に目を向け、理性をもった政治、外交を展開すべきである。

経済制裁が発動されてからの約10年間、制裁を取り巻く状況を理性的に見つめた人はどれだけいたであろうか。これを機に、15年前の法改正の際には語られなかった観点から議論する必要がある。

理性を失った政治は、権力の暴走である。その意味で、この側面では日本国民自身が既に権力の暴走を許しているのかもしれない。この問題をごく一部のマイノリティに対する問題として歪小化するならばやがて日本の民主主義は危機に陥るであろう。

（金英功）

【注】

1）２００９年５月25日の核実験に対する安保理決議１８７４（６月12日採択）

２０１２年12月12日の人工衛星「銀河３」発射に対する決議２０８７（２０１３年１月22日採択）

２０１３年２月12日の核実験に対する決議２０９４（３月７日採択）

２０１６年１月６日の核実験と２月７日の「人工衛星「光明星」発射に対する決議２２７０（３月２

日採択）
２０１６年９月９日の核実験に対する決議２３２１（11月30日採択）
２０１７年２月12日の弾道ミサイル「北極星２号」発射実験、４月～５月の数度の弾道ミサイル発射実験に対する決議２３５６（６月２日採択）
２０１７年９月３日の核実験に対する決議２３７５（９月11日採択）
２０１７年11月29日の大陸間弾道ミサイル「火星15」発射実験に対する決議２３９７（12月22日採択）

２）『外交青書２００４年版』（外務省２００４年４月）第１章第３節「１　北朝鮮に対する日本の基本的考え方」において、「日朝平壌宣言に基づき、拉致問題、核やミサイル等の安全保障上の問題を解決し、北東アジア地域の平和と安定に資する形で日朝国交正常化を実施するという日本の基本方針は一貫している。これらの問題の解決に向けた取組として、日本は、『対話と圧力』を基本としている。」として、初めて「対話と圧力」という文言が盛り込まれた。

３）経済制裁の動機・目的は、多国間（国連、特定の地域的組織、ブロック）で行う場合と国家単独で行う場合とで異なるものといえる。

４）２００３年５月、日本政府は、日本を含む２国間の合意があれば発動は可能である旨の答弁を行い発動要件を緩和した。

５）水野賢一、山本一太、菅義偉、河野太郎、増原義剛、小林温の６名で構成

６）自民党、公明党、民主党の８名の議員による共同提案の形をとった議員立法として成立

７）２００４年１月28日衆議院財務金融委員会

８）同右。谷垣貞一財務大臣の答弁。なお、共産党は、日本単独の経済制裁をし得る法律を準備することは６ヶ国協議の妨げになることを理由に反対の立場を表明している。

9）改正外為法同様、議員立法である。

10）2004年6月1日衆議院国土交通委員会

11）2004年6月11日参議院国土交通委員会において、提案者の1人である自民党水野賢一議員は、「北朝鮮などを念頭に置いた場合には、1つには、例えば核実験を強行してきたような場合、もしくはテポドンを始めとするような弾道ミサイルを再発射、我が国に向けて再発射をしてきたような場合、さらには薬物などを国家組織的に日本に流入をさせようというようなことをして、入港禁止などの措置を取らなければこれを根絶することが難しいと判断したような場合、また拉致に関して言えば、この拉致問題などに対しても、こうした国家犯罪に対して圧力を掛けなければこの問題が解決できない、相手側に誠意が見られない、こういうような場合も当然発動要件には入ると思います」と発言している。

12）特定船舶入港禁止法が成立した2年後の2006年6月12日には、「拉致問題その他北朝鮮当局による人権侵害問題への対処に関する法律（北朝鮮人権法）」が成立した。この法律は、拉致問題などの朝鮮当局による人権侵害について日本国民の認識を深め国際社会と連携しつつ、人権侵害問題の実態の解明と抑止を目的とし（1条）、人権侵害状況について改善が図られていない場合は経済制裁（外為法又は特定船舶入港禁止法に基づく措置）をはじめとした必要な措置を講じることができる（8条）としている。これにより、国家の平和及び維持に関わる問題だけでなく、過去に行われた拉致問題を理由に経済制裁を発動することが可能となり、圧力のカードが揃ったことになる。

13）なお、本章で取り上げるのは、主に在日朝鮮人の生活・経済活動に直接又は間接的に関わる制裁措置とする。

14）直近では2019年4月14日に2年間の延長が決定されている。

15）日本政府は、「有効な旅券」から朝鮮旅券を除外している。そのため、朝鮮旅券しか持たない者は、「みなし再入国許可」の対象にならず、通常の再入国許可を受けなければならない。

16）東京新聞2016年3月14日朝刊

17）貴金属、支払手段（外国通貨も含む）、証券またはその他債権を化体する証書の輸出入については、外為法19条、外為令8条の規定の対象となる。200頁以下参照。

18）法律の下位に位置する命令のうち、合議体としての内閣が発するもの（憲法73条6号）。主任の国務大臣が署名し、内閣総理大臣が連署して天皇が交付する（憲法74条、7条1号）。命令の中で最高位。

省令とは、各大臣が、主任の行政事務について発する命令。

政令も省令も、法律（省令の場合は政令も含む）を執行するための執行命令と、法律の委任に基づいて制定される委任命令に分けられ、罰則等の権利を制限する規定は、国民主権の観点から委任命令に限定される。

19）告示とは、行政機関の意思決定や一定の事項を周知させるための形式の1つであり、その内容・性質は一様ではない（『行政法第3版』櫻井敬子、橋本博之）。法規としての性質を有するもの（学習指導要領等）や、裁量基準、「処分」（行政事件訴訟法3条2項）、事実行為、これら複数の性質を有するものなど様々。

20）なお、日本の経済制裁は朝鮮に対するものの他、安保理決議に基づく対イラン制裁や、ウクライナ情勢をめぐる米国およびEU等との国際協調に基づく対ロシア制裁等がある。もっとも、2019年4月時点で、外為法10条に基づく全面的な輸出入の禁止措置やおよそあらゆる取引、対象国居住者に対する支払い、人的往来といった広範囲で網羅的な経済制裁は朝鮮に対するもののみ。

21）通達「輸出貿易管理令の運用について」

22）国連、国際赤十字等に対して無償で輸出される医薬品、食料、衣料等（同右通達）

23）家族を伴う場合は1年未満、その他の場合は2年未満の予定で出国する者（同右通達）

24）運用上、朝鮮を原産地または船積地とする貨物については、原則現に使用中のものまたは明らかに当該旅行中に使用すると認められるものに限られている（同右通達）。

25）運用上、該当性を個別に判断するとされている（同右通達）。

26）「外国為替及び外国貿易法（輸入関係）基本通達」では、個人的使用に供される貨物について例示しているが、朝鮮の場合は制裁の趣旨を踏まえ個別に判断される運用になっている。

27）製図等権利の付随するものは含まれないとする運用（同右通達）

28）運用については、輸出の場合と同じ（同右通達）

29）自己の名をもって他人のために（計算で）する取引。自らが取引の当事者となり法的な権利義務の主体になるが、経済的効果は他人に帰属する。すなわち、他人から売買の委託を受けた者が、第三者との間でその委託の内容に従った契約を締結し、委託を受けた他人から売買に要した費用や報酬を受け取る形態の取引。法律上、問屋（商法551条）、運送取扱人（商法559条）等がある。証券会社が典型。

30）他人間の契約の成立を媒介すること。

31）「支払」とはお金を支払うこと、「支払等」とはお金を支払うことと支払いを受けることの2つを包含する言葉である（外為法8条）。

32）貨物の輸出入に直接伴う取引や外国相互間における貨物の移動を伴う取引等に関する支払等については経産大臣の許可が、それ以外の行為や取引に係る支払等については財務大臣の許可が必要となる

（外国為替及び外国貿易法における主務大臣を定める政令1条）。

33）核・ミサイル開発活動等に関連する目的での輸出入は、金額に関わらず財務大臣の許可が必要（外為法19条1項、外為令8条1項、財務省告示「外国為替及び外国貿易法19条第1項の規定に基づく財務大臣の許可を受けなければならない支払手段又は証券の輸出又は輸入を指定する件」）。

34）制裁の一部解除により2014年7月4日に100万円超に引き上げられるも、2016年2月19日から再び10万円超に引き下げられた。

35）通達「支払手段等の輸出入許可に係る処理要領について」

36）在日本朝鮮人人権協会「在日朝鮮人の人権を侵害する制裁措置の廃止を求める意見書」（2018年1月5日改訂版）によると、実姉の葬儀・墓参に行けなかった、朝鮮旅行者のお土産が没収された、朝鮮の親族に生活資金を送れなかったなどの事例が存在する。

37）注意すべきは、決して拉致問題の解決を目的としてはいないことである。そのため、比例原則の適否を考える際は、拉致問題を考慮すべきでない。

38）李春熙「2006年以降の在日朝鮮人に対する人権侵害事案について～一連の強制捜査と日比谷公園事件を中心に～」（『人権と生活№31』在日本朝鮮人人権協会編）本論考によれば、2008年までの3年間の強制捜査を分類すると、①拉致事件との関連を口実とする事例、②極めて軽微かつ形式的な被疑事実を口実とする事例、③税理士法違反事件の3つに整理することができる。中には、事件から30年以上経過し資料が残存していることは考えられないケース（「国外移送目的拐取」を被疑事実とする2006年の在日本朝鮮大阪府商工会など6ヶ所、2007年の在日本朝鮮人留学生同盟中央本部など3ヶ所の捜索）、犯罪の成立自体極めて疑わしいケース（「薬事法違反」を被疑事実とする2006年11～12月の総聯東京都本部を含む関連施設、在日朝鮮人女性宅及び朝鮮総聯職員宅など計9ヶ所の捜索)、被疑事実とは無関係な箇所を捜索した等として裁判所で違法と認定されたケース(同右)、捜索・差押は違法であり朝鮮政府へ圧力をかける政治目的が疑われるとして日弁連が「警告」を発したケース(「電磁的公正証書原本不実記載罪」を被疑事実とする2007年1月の滋賀朝鮮初級学校に対する捜索)などがある。

39) 北野弘久「『朝鮮総連』の固定資産税問題」2005年

40)「対北朝鮮措置に関する要請」(自由民主党 北朝鮮による拉致問題対策本部、対北朝鮮措置シミュレーション・チーム)2015年6月25日付

コラム3

## お土産没収事件

2018年６月28日、修学旅行先の朝鮮から帰国した神戸朝鮮中高級学校の高級部３年生の生徒ら18名のお土産が、税関当局に没収されるという事件が起きました。関西空港の税関当局は、各生徒の荷物を検査し、朝鮮を原産地とする物品が輸入禁止措置の対象物であることを理由に没収を示唆し、「任意放棄書」に署名･押印させ、お土産を押収したのでした。サインしなければ通関を認めないのですから事実上の没収です。没収されたのは文具、扇子、民芸品、化粧品など177点で、これには朝鮮で購入した物、現地の人（親族や交流を通じて知り合った人）からもらった物、日本から持って行った物が含まれていました。

このような税関当局の対応は、引率教員のSNSから瞬く間に広がり、学校関係者や在日同胞、日本社会から多くの批判・抗議が巻き起こりました。批判の内容は、子どもたちのかけがえのない思い出に傷をつける非情なものであるとか、南北朝鮮、朝米が進めている対話の流れに逆行する措置であるとか、女性職員でなく男性職員が女子生徒の荷物を隈無く調べたことは羞恥心を傷つけるものであるとか、未成熟の高校生に、本来単独ですることができない所有権の放棄という法律行為(「任意放棄書」への署名）をさせたことは不適切であるといったものでした。

新聞メディアを含めた世論の後押しもあり、税関当局は、「任意放棄の撤回が可能か検討し、撤回された場合は改めて輸入禁止の対象物か検討する。法に基づいて返せるものは返したい」との対応をせまられ、９月11日にほぼ全ての没収物を返還するに至りました。

この事件は、経済制裁の規制内容との関係で何が法的に問題なのでしょうか。

輸入規制に例外があることは本文で触れたところです。本件は、生徒らのお土産が「個人的使用に供され、且つ、売買の対象とならない程度の量の貨物」（輸入令14条本文各号別表１の４号）または「携帯品」（同別表2）のいずれか（例外物品）に該当し、輸入が認められなかったか否かが問題となるでしょう。ここで、「携帯品」とは、輸入令上、「手荷物、衣類、書籍、化粧用品、身辺装飾用品その他本人の私用に供することを目的とし、かつ、必要と認められる貨物」と規定されています。通達では、「現に使用中又は明らかに旅行中に使用したと認められるもの」をいうとされていますが、あくまで行政解釈であり法的拘束力があるわけではないため、これに限定されるわけではありません。

輸入規制の目的は、制裁を実効化（核・ミサイル開発の放棄）することであり、個人が日用品として費消する目的で購入し、日常生活の範囲内で費消し得る品種・量の物品は、朝鮮で取得して輸入しても制裁の実効化に支障を生じさせるものではありませんから、「携帯品」または「個人的使用に供され、且つ、売買の対象とならない程度の量の貨物」として例外物品にあたるというべきです。

本件で没収されたお土産品は、全て日用品であり個人的に使用する以外に（例えば売却するなどの）目的があったものではなく、品種・量からしても個人で費消し得る範囲の物でした。そうであれば、例外物品として任意放棄を迫られるものではありませんでした。

税関当局の対応は、例外物品の範囲を過度に狭く解した措置であり、朝鮮で取得したとおぼしきものは片端から放棄させることで朝鮮学校の生徒を通じて朝鮮に圧力を加えようとした意図が透けて見えると言っても過言ではありません。このことは、日本から持って行ったカメラケースや旅行中に使用した衣服など税関当局の解釈からしても明らかに「携帯品」に該当する物品ですら放棄の対象とされたことからも見て取れます。

この事件は多くの人たちの批判と抗議により税関の対応を事実上撤回させた形で終結しましたが、全面的輸入規制がこれからも続く以上、恣意的な運用により再び朝鮮訪問者に圧力が加えられるおそれがあり、現にこの事件後も朝鮮から帰国した者に対する不当な没収が続いているとのことです。重要なのは、税関当局の対応に屈せず、確かな知識と理論を持って毅然と対応することです。

（金英功）

# あとがき

朝鮮大学校政治経済学部に法律学科が創設され早20年が経ちました。

在日朝鮮人同胞社会が権利獲得運動のさらなる躍進を求めた1998年、民族教育の最高学府である朝鮮大学校（東京・小平）は、法律専門家を育成する学科を新設することを決めました。約1年間の準備を経て、翌1999年4月、朝鮮大学校に法律学科が設置されました。

教育目的の設定、カリキュラムや講師陣の編成、学生募集など、すべてが初めての試みであったため、まさに試行錯誤の連続だったそうです。カリキュラムの編成においては、日本の主要大学法学部のカリキュラムを参考にして作成しながらも、在日朝鮮人同胞社会の生活と権利を法的に擁護する法律専門家を養成することに力点を置き、朝鮮大学校としての特色が最大限に活かされるよう工夫を凝らしたそうです。

また、初代講座長であった朴三石《パクサムソク》現副学長をはじめとする多くの教員や日本人学者たちの尽力により、素晴らしい講師陣を編成することができました。とりわけ、日本学術会議の法学部門を担当する委員、司法試験考査委員、日本の主要大学の法学部長経験者、東京高等裁判所裁判官経験者の方々を講師としてお招きすることができたのは、民族教育を守るために常日頃尽力してくださっていた日本人学者の方々の大きな力添えがあってのことでした。法律学科が、魅力的なカリキュラムをもち、素晴らしい講師を多く擁することができた結果、全国の朝鮮高校に在籍していた多くの生徒たちが法律学科への入学を志願しました。そして、第1期生20名をもって、法律学科の歴史が始まったのです。

法律学科の創設は、在日朝鮮人同胞社会が求める法律専門家養成の拠点を築いたという点、民族教育の高等教育機関において法律分野の人材を育成することが可能になったという点で、その意義は計り知れなく大きいものでした。

現在、法律学科を卒業した弁護士たちをはじめ、多くの卒業生たちは、在日朝鮮人を取り巻く人権問題に日常的に関わり、在学時に習得した知識とマインドを武器に、在日朝鮮人の権利擁護のため、あらゆる分野での実践活動に邁進しています。

しかしながら、在日朝鮮人の人権状況は未だ問題が山積しています。在日朝鮮人に対する人権侵害は、日本政府の朝鮮に対する「制裁」という政治的理由によってひき起こっています。高校「無償化」からの朝鮮高校除外問題、朝鮮学校への補助金打ち切り問題、入国管理制度における差別的取り扱い、総聯施設に対する固定資産税減免の取消しなどは、日本政府が朝鮮を「敵国」として扱い「制裁」を行っている結果、生じている問題です。また、本年2019年10月1日からスタートした幼保無償化制度からの朝鮮幼稚園の排除は、高校無償化問題や補助金打ち切り問題とあいまって、日本政府が幼稚園から高校に至るまで朝鮮学校を一切認めないという姿勢を全面的に打ち出したものといえます。

誤解を恐れずに言うならば、在日朝鮮人への人権侵害は、日本政府の国策として行われており、そのことによって、ヘイトスピーチなどの社会的差別も拡大されているのです。

本書は、現在、日本社会の中でこのような「難題」の解決に果敢にトライしている朝鮮大学校法律学科を卒業した弁護士たち、そして、彼ら彼女らとともに闘っている在日朝鮮人同胞や日本市民たちを1つに繋いでくれる非常に意義のある1冊であると言えます。本書を通じ、今後の課題が明確になった今、法律学科を卒業した弁護士たちが繰り広げる「権利のための闘争」に、私たちも「新たな意識」をもって、ともに参戦していくことが求められていると言えましょう。

最後に、本書の刊行にあたり、前田朗東京造形大学教授をはじめ、多くの先生方から貴重な御助言、御指導をいただいたことを刊行委員会全員を代表し、ここに深く感謝の意を表し、あとがきとさせていただきます。

（李泰一）

文部省学校教育局長通達

「朝鮮人設立学校の取扱について」

官学第五号
昭和二十三年一月二十四日

文部省大阪出張所長　殿
各　都　道　府　県　殿

文部省学校教育局長

八月二九日文大出第一五二号で御照会のことについては左記のように回答する。

記

一．現在日本に在留する朝鮮人は昭和二一年一一月二〇日付総司令部発表により，日本の法令に服しなければならない。

従って，朝鮮人の子弟であっても学齢に該当する者は，日本人同様市町村立又は私立の小学校，又は中学校に就学させなければならない。又私立の小学校の設置は学校教育法の定めるところによって，都道府県監督庁(知事)の認可を受けなければならない。学齢児童又は学齢生徒の教育については各種学校の設置は認められない。

私立の小学校及び中学校には教育基本法第八条（政治教育）のみならず設置廃止，教科書，教科内容等については学校教育法における総則，ならびに小学校及び中学校に関する規定が適用される。なお，朝鮮語等の教育を課外に行うことは差し支えない。

二．学齢児童及び学齢生徒以外の者については各種学校の設置が認められ，学校教育法第八三条及び第四八条の規定が適用される。

三．前二項の趣意を実施する為、適切な措置を講ぜられたい。

## 在日朝鮮人教育対策委員会代表と文部省当局との間における覚書

1、朝鮮人の教育に関しては教育基本法及び学校教育法に従うこと。
2、朝鮮人学校問題については私立学校として自主性が認められる範囲内において、朝鮮独自の教育を行うことを前提として、私立学校として申請すること。

昭和 23 年 5 月 5 日

文部大臣 森戸 辰男
朝鮮人教育対策委員会責任者 崔 容 根
立会人 在日本朝鮮人聯盟中央総本部文教部長 元 容 徳

④旧朝鮮人聯盟の被追放者を直ちに一切の前期学校管理組合，財団法人，学校等から排除すること。（教職員の除去及び就職の禁止等に関する政令）

⑤旧朝鮮人聯盟の本部，支部，分会等の役職員が当然に学校管理組合，財団法人，学校等の役職員となるような規約，その他は直ちに改正せしめること。

⑥学校管理組合，財団法人，学校の人事権は旧朝鮮人聯盟がもつごとき規約等は直ちに改正せしめるとともに，旧朝鮮人聯盟の指導的人物であった者が事実上人事に介入しないようにすること。

⑦旧朝鮮人聯盟の指導的人物が学校，学校管理組合，財団法人，その他の学校関係団体において，旧朝鮮人聯盟の主義，主張，行動を一切しないようにさせること。

三．名称について

学校管理組合，財団法人，学校等，学校関係一切のものの名称から在日朝鮮人聯盟，朝聯又はこれを想起させるような字句を削除させること。

四．前項のほか，学校，学校管理組合，財団法人，その他学校関係の団体が旧朝鮮聯盟の指導下或いは支配下にあるような一切の傾向を払拭させること。

五．以上の措置をとらない場合において

以上に掲げられた事項を遵守しない学校管理組合，財団法人，学校，学校関係の団体について学校教育法等の法令に基く行政措置を講ずること。

六．生徒，児童の処置について

法令を遵守しないで閉鎖を命ぜられた学校並びに旧朝鮮人聯盟の解散に伴い，当然にも廃校となる学校及び事実上経営困難となる学校に在学する児童，生徒については，これをできる限り公立学校に収容するようその措置の遺漏のないようにすること。

七．民青等解散の指定を受けた団体関係の学校についても以上の措置を講ずること。

文管庶第六九号
昭和二四年一〇月一三日

文部省管理局長　都道府県特別審査局長

都道府県知事殿
都道府県教育委員会殿

## 朝鮮人学校に対する措置について

朝鮮人学校の措置については，閣議決定の方針に基いて，別紙措置要綱に掲げる措置を遺漏なく講じ，その結果を逐次報告させるよう，命により通達します。

**措置要綱**

朝鮮人学校の取り扱い方針は，昨年五月の覚書並びに発学二〇〇号で明らかであるが，その後の事情にかんがみるとき，これが必ずしも遵守せられていないので，これを遵守させる必要があり，また，今回在日朝鮮人聯盟の解散指定が行われたことにより，この際日本の法令及びこれに基く命令を厳正に遵守させる必要がある。このため朝鮮人学校に対しては，別紙の方針に基いて，左に掲げる措置を講ずるものとする。

一．学校について
①教育基本法，学校教育法，その他の教育関係法令並びに法令に基いて行う監督庁の命令を遵守せしめること。
②教科書は，国定教科書又は文部省検定教科書を使用することを原則とするが，朝鮮語，朝鮮の歴史等について朝鮮人独自の教育を為す場合の図書は，所定の認可を受けたものを使用することを遵守させること。
③教育面において，旧朝鮮人聯盟の主義，主張，行動を宣伝，普及又は支持するような一切の傾向を払拭させること。
④学校の施設を旧朝鮮人聯盟関係の会合，その他に利用させないこと，なお，学校教育法第八九条の規定を遵守させること。
⑤無認可学校について，所定の手続きを経て認可を受けさせること。
⑥旧朝鮮人聯盟の本部，支部等が設置していた学校については，設置者を喪失し，当然に廃校となったものとして措置すること。

二．学校管理組合の役員、学校の教育等について
①旧朝鮮人聯盟の構成員であった者を学校管理組合，学校経営の財団法人，その他学校関係の団体の主要役員の職に就かしめないように措置すること。(団体等規制令第五条)
②学校管理組合，学校経営の財団法人，その他学校関係の団体の構成員中，旧朝鮮人聯盟の構成員であった者が四分の一をこえないよう措置せしめること。(団体等規制令第五条)
③校長，教員等の学校職員については，一及び二に準ずることはもちろん，教職員の除去及び就職の禁止等の件の施行に関する規則別表第一第三号の該当事実があるかどうか再審査すること。

第二　樺太及び千島関係

樺太及び千島も、条約発効とともに日本国の領土から分離されることとなるが、これらの地域に本籍を有する者は条約の発効によつて日本の国籍を喪失しないことは勿論である。

ただこれらの者は、条約発効後は同地域が日本国の領土外となる結果本籍を有しない者となるので、戸籍法による就籍の手続をする必要がある。

第三　北緯二十九度以南の南西諸島、小笠原諸島、硫黄列島及び南鳥島関係

標記の諸島の地域に本籍を有する者は、条約の発効後も日本国籍を喪失するのでないことはもとより、同地域に引き続き本籍を有することができる。

右諸島のうち、沖縄その他北緯二十九度以南の南西諸島に本籍を有する者の戸籍事務は、条約発行後も従前通り福岡法務局の支局である沖縄奄美大島関係戸籍事務所で取り扱われ、また、小笠原諸島、硫黄列島及び南鳥島に本籍を有する者の戸籍事務については、条約発効の日から東京法務局の出先所として小笠原関係戸籍事務所が設置され、同事務所において取り扱われることとなる（本月十四日附民事甲第四一六号本官通達参照。）。

法務府民事甲第四三八号
昭和二七年四月一九日

法務府民事局長　村上朝一

法務局長
地方法務局長　御中

平和条約に伴う朝鮮人、台湾人等に関する国籍及び戸籍事務の処理について（通達）

近く平和条約（以下単に条約という。）の発効に伴い、国籍及び戸籍事務に関しては、左記によつて処理されることとなるので、これを御了知の上、その取扱に遺憾のないよう貴管下各支局及び市区町村に周知方取り計らわれたい。

記

第一　朝鮮及び台湾関係

（一）　朝鮮及び台湾は、条約の発効の日から日本国の領土から分離することとなるので、これに伴い、朝鮮人及び台湾人は、内地に在住している者を含めてすべて日本の国籍を喪失する。

（二）　もと朝鮮人又は台湾人であつた者でも、条約の発効前に内地人との婚姻、縁組等の身分行為により内地の戸籍に入籍すべき事由の生じたものは、内地人であつて、条約発効後も何らの手続を要することなく、引き続き日本の国籍を保有する。

（三）　もと内地人であつた者でも、条約の発効前に朝鮮人又は台湾人との婚姻、養子縁組等の身分行為により内地の戸籍から除籍せらるべき事由の生じたものは、朝鮮人又は台湾人であつて、条約発効とともに日本の国籍を喪失する。

なお、右の者については、その者が除かれた戸籍又は除籍に国籍喪失の記載をする必要はない。

（四）　条約発効後は、縁組、婚姻、離縁、離婚等の身分行為によつて直ちに内地人が内地戸籍から朝鮮若しくは台湾の戸籍に入り、又は朝鮮人及び台湾人が右の届出によつて直ちに同地の戸籍から内地戸籍に入ることができた従前の取扱は認められないこととなる。

（五）　条約発行後に、朝鮮人及び台湾入が日本の国籍を取得するには、一般の外国人と同様、もつぱら国籍法の規定による帰化の手続によることを要する。

なお、右帰化の場合、朝鮮人及び台湾人（（三）において述べた元内地人を除く。）は、国籍法第五条第二号の「日本人であつた者」及び第六条第四号の「日本国籍を失つた者」に該当しない。

ので、これを各種学校として認可すべきでないこと。

なお、このことは、当該施設の教育がわが国の社会に有害なものでない限り、それが事実上行われることを禁止する趣旨でない。

(3) すでに学校教育法第1条の学校又は各種学校として認可されている朝鮮人学校の取り扱いについては検討を要する問題もあるが、さしあたり、報告、届出等の義務の励行等法令を遵守した適正な運営がなされるよう留意するとともに実体の把握につとめること。

なお朝鮮人を含めて一般にわが国に在住する外国人をもっぱら収容する教育施設の取り扱いについては、国際親善等の見地から、新しい制度を検討し、外国人学校の統一的扱いをはかりたいと考える。

文管振第２１０号
昭和４０年１２月２８日

各都道府県教育委員会
各都道府県知事　　　殿

文部事務次官　福田　繁

朝鮮人のみを収容する教育施設の取り扱いについて

わが国に在住する朝鮮人のみを収容する教育施設の取り扱いについては、従来から格別のご配慮をわずらわしてきたところでありますが、これについては、下記により取り扱うべきものと考えますので、その趣旨を御了知の上、事務処理に遺漏のないように願います。

1、朝鮮人のみを収容する公立小学校分校の取り扱いについて

わが国に在住する朝鮮人子弟の教育上の取り扱いについては、従来もわが国の公立の小学校または中学校において教育を受けることを希望する場合には、その入学を認め、今後も別途「日本国に居住する大韓民国国民の法的地位及び待遇に関する日本国と大韓民国との間の協定における教育関係事項の実施について(昭和 40 年 12 月 28 日文初財第 464 号文部事務次官通達)」によりその入学を認めることとなったが、このことは、朝鮮人子弟にわが国の公立学校において特別な教育を行うこと認める趣旨でないことはいうまでもないところである。

しかるに、朝鮮人のみを収容する、大部分の公立の小学校分校の実体は、教職員の任命・構成、教育課程の編成・実施、学校管理等において法令の規定に違反し、極めて不正常な状態にあると認められるので、次によって、適切な措置を講ずること。

(1) これらの朝鮮人のみを収容する公立の小学校分校については、法令に違反する状態の是正その他学校教育の正常化されると認められない場合には、これらの分校の存続について検討すること。

(2) これらの公立の小学校分校における学校教育の実態が改善され、正常化されると認められない場合には、これらの分校の存続について検討すること。

(3) なお朝鮮人のみを収容する公立の小学校または中学校およびこれらの学校の分校または特別の学級は、今後設置すべきではないこと。

2、朝鮮人のみを収容する私立の教育施設（以下「朝鮮人学校」という。）の取り扱いについては、次によって措置すること。

(1)　朝鮮人学校については、学校教育法第 1 条に規定する学校の目的にかんがみ、これを学校教育法第 1 条の学校として認可すべきではないこと。

(2) 朝鮮人としての民族性または国民性を涵養することを目的とする朝鮮人学校は、わが国の社会にとって、各種学校の地位を与える積極的意義を有するものとは認められない

| | |
|---|---|
| /9/14 | 朝鮮高校の審査再開。 |
| /12/2 | ハの規定に基づきコリア国際学園を就学支援金対象校に指定。 |
| 2012/9/10 | 第7回審査会、朝鮮高校の指定に当たっての留意事項案を審議。審査継続の方針を確認するも、結果として、その後審査会は開かれず。 |
| /11/16 | 自民党・義家弘介議員ら、朝鮮学校指定の根拠規定を削除することを内容とする「高校無償化法一部改正法案」を参議院に提出（衆議院解散により廃案）。 |
| /12/26 | 自民党・公明党連立政権（第二次安倍晋三内閣）成立。 |
| /12/28 | 下村博文文科大臣、朝鮮高校を就学支援金制度の対象としないことを表明。「朝鮮学校については拉致問題の進展がないこと、朝鮮総連と密接な関係にあり、教育内容、人事、財政にその影響が及んでいること等から、現時点での指定には国民の理解が得られ」ない、「外交上の配慮などにより判断しないとの政府統一見解は廃止する」旨明言。朝鮮高校を就学支援金対象校として指定するための根拠規定である省令ハを削除するための省令改正手続に着手。 |
| /1/24 | 愛知、大阪で提訴。 |
| 2013/2/20 | 省令改正により省令ハ削除。全国10校の朝鮮高校に対する不指定処分。 |
| /5/17 | 国連社会権規約委員会、日本政府に朝鮮高校生への無償化法適用を勧告。 |
| /8/1 | 広島で提訴。 |
| /12/19 | 福岡で提訴。 |
| 2014/2/17 | 東京で提訴。 |
| /9/16 | 国連人種差別撤廃委員会、日本政府に対し、朝鮮高校生への就学支援金支給を勧告。 |
| 2017/7/16 | 広島地裁、朝鮮学校側の請求を棄却する判決。 |
| /7/28 | 大阪地裁、国に大阪朝鮮学園を就学支援金支給対象として指定することを義務付ける判決。 |
| /9/13 | 東京地裁、東京朝鮮高校生徒らの請求を棄却する判決。 |
| 2018/4/27 | 名古屋地裁、愛知朝鮮高校の生徒らの請求を棄却する判決。 |
| /8/30 | 国連人種差別撤廃委員会、高校就学支援金制度に関して前回の勧告を再度表明。 |
| /9/27 | 大阪高裁、大阪朝鮮学園に対し、逆転敗訴判決。 |
| /10/30 | 東京高裁、東京朝鮮中高級学校の生徒の控訴を棄却する判決。 |
| 2019/3/14 | 福岡地裁小倉支部、福岡朝鮮高校の生徒らの請求を棄却する判決。 |
| /8/27 | 最高裁、大阪・東京訴訟について上告棄却決定。 |
| /10/3 | 名古屋高裁、愛知朝鮮高校の生徒の控訴を棄却する判決 |

## 「無償化」からの朝鮮高校排除関連年表

| | |
|---|---|
| 2009/7/27 | 高校無償化、民主党マニフェストの「子育て・教育」に盛られる。 |
| /9/16 | 民主党・社会民主党・国民新党連立政権（鳩山由紀夫内閣）成立。 |
| /10/15 | 文科省、2010年度の予算概算要求。朝鮮高校含む高校無償化予算として4501億円を計上。 |
| 2010/2/21 | 中井洽拉致問題担当大臣、高校無償化で「朝鮮学校除外」を川端達夫文科大臣に要請していたと判明。 |
| /3/12 | 政府、制度開始予定の4月時点では朝鮮学校生徒を対象外としつつ、文科省に「第三者による評価組織」を設置し、教育内容を精査した上で最終判断をする方針を決める。 |
| /3/16 | 国連人種差別撤廃委員会、対日審査の最終所見で高校無償化からの朝鮮学校除外に懸念表明、差別待遇の改善を勧告。 |
| /4/1 | 「高校無償化」法施行。 |
| /4/30 | 文科省告示により朝鮮学校以外の31校の外国人学校を就学支援金制度の対象として指定。 |
| /5/26 | 高等学校就学支援金の支給に関する検討会議設置。 |
| /8/30 | 高等学校就学支援金の支給に関する検討会議が、高等学校の課程に類する課程を置く外国人学校の指定に関する基準等について（報告）を公表。高校無償化の適用において政治外交上の問題は考慮しないとする政府統一見解を確認。 |
| /11/5 | 朝鮮高校に対する指定のための審査基準である「ハの規定に基づく指定に関する規程」が制定（文科大臣決定）。 |
| /11/23 | 韓国・延坪島での南北朝鮮の軍事衝突事件勃発。 |
| /11/30 | この日までに全国の朝鮮高校が文科大臣に対し就学支援金対象校の指定を求める申請。 |
| /11/24 | 菅直人内閣総理大臣、文科大臣に対し、朝鮮高校の就学支援金対象校指定のための手続停止を指示。 |
| 2011/1/17 | 学校法人東京朝鮮学園、文科大臣に対し、東京朝鮮高級学校を就学支援金の対象として指定することを求める異議申立て。 |
| /2/4 | 高木義明文科大臣、上記異議申立に「北朝鮮による砲撃が、我が国を含む北東アジア地域全体の平和と安全を損なうものであり、政府を挙げて情報収集に努めるとともに、不測の事態に備え万全の態勢を整えていく必要があることに鑑み、当該指定手続を一旦停止している」と回答。 |
| /7/1 | 「高等学校等就学支援金の支給に関する審査会」設置。 |
| /8/29 | 菅総理大臣、朝鮮学校を就学支援金対象校とするかの審査手続き再開を指示。翌日菅内閣総辞職。 |
| /8/30 | ハの規定に基づきホライゾン・ジャパン・インターナショナルスクールを就学支援金対象校に指定。 |
| /8/31 | 自民党「朝鮮学校無償化手続き再開に強く抗議し即時撤回を求める決議」。 |

〈執筆者プロフィール〉

**金敏寛**（キム・ミンガン）
福岡県弁護士会　2008年弁護士登録
朝鮮大学校政治経済学部法律学科1期
成蹊大学法科大学院　修了
（所属弁護団）
在日コリアン高齢者無年金国家賠償請求訴訟弁護団
生活保護変更決定（老齢加算廃止）取消請求訴訟弁護団
九州朝高生就学支援金差別国家賠償請求訴訟弁護団

**裵明玉**（ペ・ミョンオク）
愛知県弁護士会　2008年弁護士登録
朝鮮大学校政治経済学部法律学科1期
南山大学法科大学院　修了
（所属弁護団）
愛知朝鮮高校生就学支援金不支給違憲国家賠償請求訴訟弁護団
在日コリアン弁護士大量懲戒請求事件弁護団
あいちトリエンナーレ「表現の不自由展・その後」中止事件弁護団　ほか

**康仙華**（カン・ソナ）
第二東京弁護士会　2009年度弁護士登録
朝鮮大学校政治経済学部法律学科3期
関西学院大学法科大学院　修了
（主な著書）
「ハラスメントの事件対応の手引き 内容証明・訴状・告訴状ほか文例」（日本加除出版、共著）
（所属弁護団）
京都朝鮮第一初級学校襲撃事件弁護団、
東京朝鮮中高級学校「高校無償化」裁判弁護団

**金星姫**（キン・ソンヒ）
埼玉弁護士会　2014年弁護士登録
朝鮮大学校政治経済学部法律学科6期
立命館大学法科大学院　修了
（主な著書）
・「ヘイトスピーチはどこまで規制できるか」（影書房　LAZAK編）共著
・「LGBTsの法律問題Q&A」（LABO　大阪弁護士会人権擁護委員会性的指向と性自認に関するプロジェクトチーム著）共著
・「性暴力被害者の法的支援—性的自己決定権・性的人格権の確立に向けて」（性暴力被害者の総合的・包括的支援シリーズ1）（信山社　特定非営利活動法人性暴力救援センター・大阪SACHICO編）共著
・「在日コリアン弁護士から見た日本社会のヘイトスピーチ—差別の歴史からネット被害・大量懲戒請求まで」（明石書店　LZAK編）共著
（所属弁護団）
大阪朝鮮高級学校「高校無償化」裁判弁護団
大阪朝鮮学校補助金不交付裁判弁護団
ヘイトハラスメント裁判弁護団　ほか

**金銘愛**（キム・ミョンエ）
愛知県弁護士会　2014年弁護士登録
朝鮮大学校政治経済学部法律学科8期
南山大学法科大学院　修了
（所属弁護団）
愛知朝鮮高校生就学支援金不支給違憲国家賠償請求訴訟弁護団
あいちトリエンナーレ「表現の不自由展・その後」中止事件弁護団　ほか

**金英功**（キム・ヨンゴン）
埼玉弁護士会　2014年弁護士登録
朝鮮大学校政治経済学部法律学科8期
成蹊大学法科大学院　修了
（所属弁護団）
東京朝高ヘイト街宣差止め仮処分弁護団

**任真赫**（イム・ジンヒョク）
兵庫県弁護士会　2016年弁護士登録
朝鮮大学校政治経済学部法律学科　9期
関西学院大学法科大学院　修了
（所属弁護団）
大阪朝鮮高級学校「高校無償化」裁判弁護団
大阪朝鮮学校補助金不交付裁判弁護団

**玄政和**（ヒョン・チョンファ）
京都弁護士会　2015年弁護士登録
朝鮮大学校政治経済学部法律学科10期
京都大学法科大学院　修了
（所属弁護団）
ヘイトハラスメント裁判弁護団
在特会告訴弁護団

**李泰一**（リ・テイル）
朝鮮大学校研究院社会科学研究科　修了
朝鮮大学校政治経済学部法律学科准教授（日本国憲法、現代朝鮮法）

今、在日朝鮮人の人権は
——若手法律家による現場からの実践レポート

2019年11月27日　　第1版第1刷発行

編 著 者　朝鮮大学校政治経済学部法律学科創設20周年記念誌刊行委員会　©2019年
発 行 者　小番 伊佐夫
カバー絵　金真美
装　　丁　Salt Peanuts
組　　版　市川 九丸
印刷製本　中央精版印刷株式会社
発 行 所　株式会社 三一書房
〒101-0051 東京都千代田区神田神保町3-1-6
☎ 03-6268-9714
振替 00190-3-708251
Mail: info@31shobo.com
URL: http://31shobo.com/

ISBN978-4-380-19009-4 C0036
Printed in Japan